华章经管

HZBOOKS | Economics Finance Business & Management

元宇宙超入门

方军 ◎著

机械工业出版社
China Machine Press

图书在版编目（CIP）数据

元宇宙超入门 / 方军著 . -- 北京：机械工业出版社，2022.1
ISBN 978-7-111-70137-8

Ⅰ. ①元… Ⅱ. ①方… Ⅲ. ①信息经济 - 通俗读物 Ⅳ. ① F49-49

中国版本图书馆 CIP 数据核字（2022）第 005245 号

元宇宙超入门

出版发行：机械工业出版社（北京市西城区百万庄大街 22 号　邮政编码：100037）
责任编辑：秦　诗　刘新艳
责任校对：马荣敏
印　　刷：北京诚信伟业印刷有限公司
版　　次：2022 年 2 月第 1 版第 1 次印刷
开　　本：147mm×210mm　1/32
印　　张：8.625
书　　号：ISBN 978-7-111-70137-8
定　　价：69.00 元

客服电话：（010）88361066　88379833　68326294　　投稿热线：（010）88379007
华章网站：www.hzbook.com　　　　　　　　　　　　读者信箱：hzjg@hzbook.com

实体 + 数字 = 未来

Real + Digital = Meta

元宇宙

Metaverse

实体世界 + 数字世界 = 元宇宙

real world + digital world = Metaverse
Real + Digital = Meta

名词解读

实体世界（real world）： 在数字技术创造的事物融入我们周围之前的所有事物，我们倾向于认为是真实的、现实的或实体的。我们称这个世界为实体世界，偶尔也称它为现实世界，如大楼、道路、城市、汽车、电脑、手机、电、电网、电视机、银行、银行卡、公司、工厂、公园、时装、印刷书籍、雕塑、国家、身份证、飞机、火箭、空间站……

数字世界（digital world）： 用计算机、信息技术、网络技术、人工智能、虚拟 / 增强现实等数字技术创造的、呈现在我们眼前的人工事物，我们认为它们是数字的。在本书中，我们主要称这个世界为数字世界，偶尔也称它为网络世界，如网站、聊天室、社交网络、网络游戏、电商、网络媒体、App、自媒体、电子书、数字货币、区块链、数字工厂、送货机器人、数字艺术、虚拟数字人……

元宇宙（Metaverse）：以前人们把数字的称为虚拟的（virtual），把网络社区称为虚拟社区，把互联网经济称为虚拟经济，听起来它们似乎是不存在的。现在我们知道，数字世界是叠加、包裹在实体世界上的新的一层。过去 100 年，我们在地球上建设了众多的高楼大厦（城市）和运输网络（民航与高铁），过去 50 年，我们在地球上建立了通信与信息网络（电话、全球媒体与互联网）。接下来叠加上去的，是主要由数字技术驱动的实体与数字融合的又一层次，这一次它不止缩短距离，让全球时间同步，拉近人与人，它将是我们可以在其中生活和工作的新世界，我们按现在的新说法称它为元宇宙，有时也会直接称它为新数字世界、数字世界或新世界。总的来说，元宇宙是恰当的新名字。未来我们将不止看到一个元宇宙，而是会看到一个个元宇宙、一个个美妙的新世界。

方军提出了一个思考，即在我们的数字未来，实体世界会越来越像数字世界。的确如此，如果把元宇宙形成混合空间的过程看作实体世界与数字世界的融合，那么我更倾向于将这一边界的消融理解为数字世界对实体世界的侵占。而能够制约这一侵占的，不是空间而是时间。

胡　泳

北京大学新闻与传播学院教授

我向你推荐《元宇宙超入门》，是希望提供一个新的角度审视我们所处时代的变化。元宇宙是未来创作者经济的载体。元宇宙必将开启一个刺激互联网创新的大时代。

李　檬

天下秀数字科技集团创始人、董事长及 CEO

方军的新书是一本结构严谨的元宇宙入门书，超越了其游戏的起源。本书特别有价值的是，它讨论了大规模协作的机会，这是互联网未实现的承诺。

皮埃罗·斯加鲁菲

《硅谷百年史》作者

硅谷人工智能研究所创始人、元宇宙思想家

作为下一代互联网平台，元宇宙正在被越来越多的人关注和研究，我们好奇和兴奋的同时，也会有很多的困惑和不解：互联网的未来是什么样的，底层的逻辑是什么，会有什么样的新物种诞生，又会有怎样的新问题？希望你和我一样，能从方军的新书中找到答案。

王煜全

全球科技创新产业专家

海银资本创始合伙人

元宇宙是新场景，孕育着新的超级 IP，充满着新机遇。方军这本《元宇宙超入门》探讨元宇宙应用四象限、七大基石，为你进入元宇宙推开了一扇门，推荐你阅读。

吴声

场景实验室创始人

互联网是现在，元宇宙是未来，未来十年将是元宇宙的黄金十年。方军的《元宇宙超入门》深刻而生动地为我们展示了激动人心的元宇宙时代，剖析了元宇宙的七个基石，是了解元宇宙的必读佳作。

于佳宁

中国移动通信联合会元宇宙产业委员会执行主任

火大教育校长

元宇宙，重构互联网创作者经济的生产力关系

毫无疑问，我们正生活在一个创新加速的时代。而互联网是未来科技的一条渐进线，已经深深扎进我们的生活轨迹。

未来几年，互联网创新的主要引爆点在哪里？分歧似乎在渐渐消失，元宇宙已经成为全球追逐的科技热点。

不错，以前的各种新科技概念，比如区块链、人工智能、3D 打印，至少是明确而具体的。直观上看，元宇宙有社交、游戏元素，集成了虚拟现实（VR）、区块链、5G、云计算、数字孪生、人工智能、NFT、边缘计算……甚至还有脑机接口等前沿创新技术，你很难用一种有普遍共识的概念阐释去描述这种正在发生的创新趋势。

其实，我们可以先从我们追求的数字体验效果说起。

元宇宙是数字平行世界的一个映射

你可以发挥想象力:

> ▶ 如果马斯克在火星上生病了,医生可以用数字身份登陆火星,为他提供远程的医疗安排。
>
> ▶ 有一天,矿井工人不用再进入地下,而是进入虚拟空间做勘测,危险的地下环境都不是问题了。
>
> ▶ 建筑师可以将脑海中天马行空的想象,变成一栋栋虚拟空间中的数字景象,钢筋水泥不会再对他们的创意形成束缚。

真实世界和虚拟空间的通道,正在被数字技术打通,这些都是正在发生的现实。

我们也在积极地做类似的尝试,现在,红人(内容创作者)是互联网的流量中心。我们最初设想,大家可能喜欢去红人的家里体验和交互,但是我们发现用户还是对物理空间的装置更感兴趣,所以我们会做一些第三方的工具平台解决场景内容供给问题。

是的,以上都是即将成为现实的元宇宙应用场景。现实世界的很多事情,已经可以搬到一个平行的数字世界中进行,而且参与的人更多、体验更好、流量更加充沛、商业价值更高,这预示着一场现代商业的场景革命正在悄悄发生。

元宇宙不是凭空想象出来的一个概念，而是深深扎根于数字经济创新进程的产物。

很早以前，华为的首席信息官陶景文讲过一个段子：什么是信息化、智能化和数字化？

信息化，是给现实世界拍一张数码相片。

智能化，是可以对那张数码相片进行加工。

数字化，是"数字平行世界"反过来影响现实世界，不仅要拍照，还要加工相片，还可以用加工之后的相片反过来给现实世界"整容"。所以，这是一个深刻得多的过程。

无疑，元宇宙是"数字平行世界"影响现实世界的一次重大创新。不过，这不是很多人想象中那样的创新"突变"，而是延续既有的数字经济的创新方向而来的。

比如，过冬了，我们要在线上买个帽子。

早期，我们通过在电商平台上浏览图文评价的方式获取平面信息，买家秀与卖家秀成为调侃的话题。

现今，短视频以及直播带货成为风潮，立体化、互动式呈现不同帽子在红人主播头上的效果，一定程度减少了信息的偏误。

不远的将来，在增强现实（AR）/VR 技术的支持之下，我们有望直接看到不同帽子在自己头上呈现的视觉效果，从而做出更合理的购买决策。

当然，元宇宙并不只是 AR/VR 技术。我认为，AR 和 VR 只是一种低维的过渡。元宇宙最终将是数字资产、思想资产、体验资产和社交资产的全新组合。

元宇宙未来的创新动力之一在社交应用

基于区块链技术的数字资产，不断得到价值确认，越来越多的参与者愿意支付真金白银。

基于 VR 技术的体验资产，在全球范围内更受欢迎，比如红人直播电商、明星演唱会，可以更好地汇聚流量、兑现商业价值。

基于元宇宙新场景的社交资产不断充实，虚拟世界的内涵不断丰富，不仅是娱乐，我们的工作和生活也逐步向元宇宙迁移。

就像 20 年前的互联网一样，元宇宙可能是新一代的"互联网"，而且真正的元宇宙一定是基于区块链底层逻辑生长的。

区块链是元宇宙的底层逻辑（概念），核心还是对人的资产的改变和价值连接。现在，我们的每个内容被存放到不同的产品中，但是元宇宙的世界是"大同"的、连接的，区块链的跨链可以打破平台界限实现一个世界的愿景。

我认为，未来每个人都会在虚拟宇宙里面有自己的资产，比如你是一个内容创作者（红人），你的文章在虚拟世界被很多人喜欢、收藏，那么这些文章可能就有了数字藏品的价值，知识成为一种可以流转的价值品有机会在元宇宙中得到很好的实现。

元宇宙作为下一代互联网，距离你我的日常生活已经越来越近。那么，元宇宙未来的创新动力在哪里？我认为，在创作者经济背景下的社交应用，元宇宙将重构创作者经济的生产力关系。

理由很好理解，互联网创新最需要的是流量，元宇宙创新也是如此，而红人（内容创作者）无疑是最重要的流量中心。

时至今日，创作者经济已经跨越了四个时代：从 2G 技术下的社交 1.0 的文字时代，3G 技术推动的社交 2.0 的图文时代，到 4G、大数据和云计算推动下的社交 3.0 的短视频时代，互联网用户拥有了以粉丝数为衡量标准的社交资产，内容创作者的商业模式也由广告营销主导到兼容了直播分销。现今，随着 5G 普及，以及区块链技术的加速应用，我们正在跑步迈入社交 4.0 时代，即沉浸式虚拟社交时代，而元宇宙是社交 4.0 时代的新一代互联网。

我们一直在思考如何提供更具有沉浸感、场景感的虚拟数字空间，通过重新定义用户的社交方式及创作者的社交资产，提供比今天存在的任何产品都更好的社交体验。随着技术积累的不断夯实，我向大家推介我们已经开发多年的项目，一款基于区块链技术的 3D 虚拟社交产品——虹宇宙（Honnverse）。虹宇宙是创作者经济步入社交 4.0 时代的必然产物，虚拟世界的内涵不断丰富，虹宇宙开始成为通往下一代互联网（元宇宙）的门票。

虹宇宙的目标是联合全球社交红人，给全球用户打造一个沉浸式的泛娱乐虚拟生活社区。进入虹宇宙中，你可以更加身临其境地与朋友聚会、开展各种工作、娱乐、购物、学习以及创造各种内容。或许，未来你将能够像全息图一样瞬间被传送到你想去的任何地方，江南小镇、海景别墅，甚至你父母的客厅、你孩子玩耍的后花园，无论你在哪里，虹宇宙都将为你打开新世界的窗口。

通过区块链的确权技术，你在虹宇宙世界里拥有的都将是你真正拥有的。你的 IP 价值将由用户定义，你的内容即是资产，你的作品就是数字藏品。虹宇宙是在创作者经济的驱动下成长起来的，不会由一家公司创建，将会是由创作者和开发者创造全新的体验与数字

藏品。虹宇宙通过重新定义用户的社交方式及创作者的社交资产，让用户拥有更真实、更有趣的消费体验，用户可以在空间内实现实时试穿、趣味交互等各种互动，让购买变得更酷。

非常有幸，正当虹宇宙和创作者经济步入创新加速的窗口期时，方军先生的《元宇宙超入门》出版上市。

我向读者朋友推荐这本书，是希望读者朋友能够从一个新的角度审视我们所处时代的变化，以及了解元宇宙在未来的创作者经济中的载体作用。看懂这个时代的重要创新节点，把握时间的轨迹，读懂现代人心中的微妙需求，元宇宙必将开启一个刺激互联网创新的大有可为的时代。

李 檬

天下秀数字科技集团创始人、董事长及 CEO

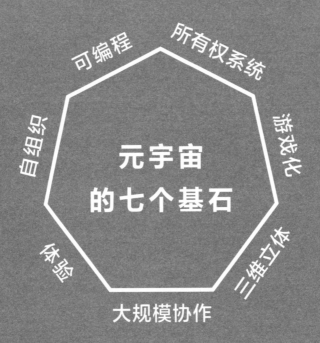

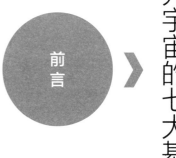

前言

元宇宙的七大基石

卡尔维诺
《看不见的城市》

马可·波罗一块石头一块石头地描述一座桥。"可是，支撑桥梁的石头是哪一块呢？"忽必烈汗。"整座桥梁不是由这块或者那块石头支撑的，"马可·波罗答道，"而是由石块形成的桥拱支撑的。"忽必烈汗默默地沉思了一阵儿，然后又问："你为什么总跟我讲石头？对我来说只有桥拱最重要。"马可·波罗回答："没有石头，就不会有桥拱。"

在《看不见的城市》中，卡尔维诺借着马可·波罗与忽必烈汗的虚构对话，讲述了一座座看不见的城市的故事、一个个城市的片段。该书最后章节有一句乐观的问话，忽必烈汗问马可·波罗："能不能告诉我，和风会把我们吹向未来的哪片乐土？"

这本关于"实体＋数字＝未来"的元宇宙的书，我努力模仿《看不见的城市》一书的结构，讲述一个个元宇宙（即未来数字之城）的街景片段，如知识之城、幼稚之城、金融之城、梦幻之城……未来数字之城已经在这儿或那儿存在着。

但我讲得更多的可能是"石头"，即实体与数字融合的元宇宙的七大基石。

> ❯ 第一块基石：大规模协作。

> ❯ 第二块基石：三维立体。

> ❯ 第三块基石：游戏化。

> ❯ 第四块基石：所有权系统。

> ❯ 第五块基石：可编程。

> ❯ 第六块基石：自组织。

> ❯ 第七块基石：体验。

在一个个案例中你将看到，我们周围的事物与环境、个人的身份与行动、与他人的联结与互动、工作与组织、价值创造与分配等都变了，而所有变化的源头都可以追踪到这些基石。在每一章的案例解读之后，我会以专栏的形式讨论这些基石。

你我这样的数字乐观者已经迫不及待起程，去做一个个元宇宙的建设者、居民或游客。如果有人还心存疑惑，请看看果戈理的话："还没有出发，人就已经不在原处。"

尼古拉·尼葛洛庞帝
"数字化生存"提出者

地球这个数字化的行星，在人们的感
觉中会变得仿佛只有针尖般大小。

蒂姆·伯纳斯-李
万维网之父

生活的希望来自世界上所有人之间的相互联
系……亲眼看见万维网（WWW）通过许多人的
辛勤努力和大量基础工作建立起来，这给予我一
种极大的期望：如果每个人的愿望都获得尊重，
我们将携手使我们的世界变成我们憧憬的乐园。

01 第一章

元宇宙，对未来数字世界的向往

无垠的宇宙蕴含着无限的希望，而元宇宙寄托着我们对数字未来的新期待。21世纪的第三个10年，由奔向以"元宇宙"为名的实体与数字融合的新世界的行动开启。

扎克伯格与马化腾的期待

2021年10月28日，全球社交巨头Facebook宣布改名为Meta，它选择用元宇宙这个词的词根meta（超越）作为公司名。它的创始人马克·扎克伯格（Mark Zuckberg）以这样的姿态告诉世人：下一代互联网是元宇宙。

扎克伯格在公司的更名公开信中发出奔向元宇宙的宣言，他认为，互联网的下一代是"一个身临其境的互联网"[一]（an embodied internet）：

[一] 马克·扎克伯格在2021年11月1日发布关于公司更名的"创始人的信"，https://about.fb.com/news/2021/10/founders-letter/。

我们正处在互联网的下一个篇章的开端，它也是我们公司的下一个篇章。

近几十年来，科技赋予人们更自然地联系和表达自己的能力。当我创建 Facebook 时，我们主要在网站上输入文本。当我们有了带摄像头的手机时，互联网变得更加可视化和移动化。随着连接速度的加快，视频成了一种更加丰富的分享经验的方式。我们已经从桌面到Web 再到移动，从文本到照片再到视频，但这并不是终点。

下一个平台将会更加让人身临其境，一个身临其境的互联网，你在其中体验，而不仅仅是看着它，我们称之为元宇宙，它将触及我们提供的每一个产品。

决定元宇宙特性的是一种存在的感觉：你感觉就像和另一个人在一起，你感觉就像在另一个地方。社交技术的终极梦想是，让你觉得像真实地与另一个人在一起。这也是我们致力于建设元宇宙的原因。

在元宇宙中，你几乎可以做你能想象到的任何事情——与朋友和家人聚在一起、工作、学习、玩耍、购物、创造，以及其他全新的体验。这些体验与我们今天对电脑或手机的看法将不一样。

在长达一个多小时展示未来元宇宙的视频中，扎克伯格（实际上是他的数字化身）还与奥运击剑冠军相遇，两个人在数字世界中进行了击剑比赛。在此，我强烈推荐你观看这个视频，你可以直观地看到未来。你与你的朋友在三维数字世界中一起参观画廊、喝咖啡聊天，你们就像真的在一起。你不再像现在这样，只是自己孤单地和电脑或手机屏幕在一起。

扎克伯格向我们展示的未来是，当你带上虚拟现实（VR）头盔，你将进入一个与现在的互联网不一样的数字世界——它看起来像实体世界一样真实，你可以"走入"其中。更重要的是，你的感觉远超现实，就像看电影一样，可以感受到强烈的喜怒哀乐。物理的限制完全消失了。你可以有你想要的任何超能力。

是的，虚拟现实这个存在已久的技术领域代表着元宇宙的一种可能性。元宇宙是虚拟现实，这个想法可能已经在扎克伯格心中酝酿了很久。2014 年 1 月，扎克伯格去了成立不到两年的虚拟现实头盔公司 Oculus，第一次戴上这家公司的虚拟现实头盔时，他说："你要知道，这就是未来。" 2 年后，他以 20 多亿美元的高价收购了 Oculus。又过了 7 年，扎克伯格告诉我们，虚拟现实头盔是我们走向元宇宙的入口。

在大洋的彼岸，全球社交巨头腾讯也在探索下一代的互联网。2020 年 12 月，在腾讯公司的文化特刊《三观》中，马化腾提出了"全真互联网"，他写道：

> 虚拟世界和真实世界的大门已经打开，无论是从虚到实，还是由实入虚，都在致力于帮助用户实现更真实的体验。……随着 VR 等新技术、新的硬件和软件在各种不同场景的推动，我相信又一场大洗牌即将开始。就像移动互联网转型一样，上不了船的人将逐渐落伍。

2021 年 11 月，腾讯研究院、腾讯多媒体实验室发布专题报告《拐点已至，全真将到：虚拟（增强）现实产业发展十大趋势（2021）》指出，生活服务类应用平台重塑线上线下服务流程，互联网视频内容平台打通新内容和业务逻辑，VR 视频原生平台创造更多带有交互的新模式，如看演唱会、基于沉浸空间的社交等。

略加辨别我们会发现，马化腾与扎克伯格的"全真"指向略有不同的未来。他们的设想相同之处是，用数字技术帮助人们实现更真实的体验；不同之处是，扎克伯格的设想更多地指向虚拟世界——一个我们像身临其境、可以沉浸其中的虚拟世界。的确，在最早提出元宇宙的科幻小说《雪崩》中，元宇宙是扎克伯格所设想的这个含义。而马化腾则似乎在说，未来并不是从现实世界转向虚拟世界的单行道，未来我们将穿梭在真实世界与虚拟世界之间。当然，正如在本书开头我们界定的，由计算机、网络、人工智能、虚拟现实头盔制造出来的世界不是虚拟的，我更愿意称它是数字的。如果非要说这些数字的事物不存在，我则宁愿用带有想象空间的"虚幻"，而不是"虚拟"。

我们将活在全面数字化的新世界中，分不清什么是实体的，什么是数字的。在这个新世界的任何地方，不管是数字的部分、实体的部分，还是两者融合的部分，我们都获得真实的体验。在这个新世界中，我们真实地生活、真实地工作、真实地创造，我们真正地生存。

这其实涉及对科技未来的不同理解。科技是为人服务的，在我看来，我们作为人，真正想要的未来是"高科技，但低科技生活"（high tech，low-tech life）。形象地说，我希望高科技的咖啡机能自动知道我要喝一杯咖啡的需求，并按我的口味为我调制一杯咖啡。但让我获得美好生活体验的，是接下来坐在夕阳下的街边椅子上，手端一杯温暖的咖啡。

元宇宙所代表的未来，不是用虚拟现实头盔等高科技设备把我们带入仅呈现在我们眼前的虚拟画面和声光刺激之中，而是一个让人有更好生活体验的新数字世界。如果再仔细拆分，未来的新数字世界包括三种可能：

> 沉浸式、全虚拟的新世界。

> 实体与数字融合的新世界。

> 用数字增强实体的新世界。

扎克伯格向左走，他倡导的是沉浸式与全虚拟；马化腾向右走，他倡导的是用数字增强实体。此外，倾心于新技术的人会试图把数字增强实体推向极致，如超越人类的智能、脑机接口等。

俄罗斯总统普京可能是对元宇宙话题表态的首个大国元首，2021年11月12日，在莫斯科出席首届"人工智能之旅"国际会议时，他畅想的未来是，人们足不出户就能跨越空间，这有助于人们与生活在其他大陆的人接触。他解释说："我要提醒的是，'元宇宙'这个概念是30年前由一位著名科幻作家提出的，按照他的设想，人们从不完美的现实世界逃到了'元宇宙'。这样的想法对如今的我们来说太悲观了，我认为，确实没必要走这条路。我们要利用'元宇宙'的功能，让人们不论相距多远，都可以一起交流、工作、学习、落实联合创新项目和商业项目。"

元宇宙已来：游戏与电影

仿照"未来已来"的说法，我们可以说，"元宇宙已来"。但我这里写下它，甚至写下这整本书，不是为了营造未来呼啸而来的那种紧张感，而是想告诉你，元宇宙已在你身边。

2020年8月，我曾经两次作为导游带着朋友游览一个名为Decentraland的元宇宙，它主要是一个三维虚拟世界。未来会有众多的元宇宙，它们又连通成更大的宇宙。在电脑浏览器中，我们跃入 Decentraland，能立刻感受到它的特点，它用逼真的 3D 形式模拟了一个数字世界，我们的数字化身游走其中。我们进入了一个梦幻世界。

我们去苏富比拍卖行，这家全球艺术拍卖行按 1：1 比例创建了自己标志性的伦敦画廊大楼；我们去艺术街区苏荷区参观，随意跳上行驶中的跑车，站在奔驰的车辆上欣赏街景；我们去科技中心般的加密谷参观，那里有区块链技术展览；我们走进中国的证券公司国盛证券的研究所大楼报告厅，听研究报告路演。

如果你愿意，你还可以购买服装，装扮自己。我们既可以穿上晚会燕尾服，也可穿上像摇滚朋克那样的奇装异服，你甚至可以用 3D 设计软件制作自己想要的任何款式的服装，唯一的限制是它必须能合理地穿在人身上。

如果你愿意，你也可以购买一片数字土地的永久产权，委托建筑设计师与软件工程师帮你建设自己的大楼。Decentraland 元宇宙的特色之一是，它模拟了一个 3D 版的现实世界。它的另一个重要特色是，你可以拥有数字土地的永久产权，这是向数字世界进化的重要突破。直到现在，在网络游戏、社交软件等产品中，我们作为用户实质上只是从互联网公司"租用"道具。之后，我会专门讨论作为数字世界的经济与社会的支柱之一的所有权或产权，也会详细介绍可用于数字所有权管理的区块链技术。

元宇宙进入公众视野，也是源于游戏公司 Roblox 的上市热潮，它自称"第一家元宇宙上市公司"。2021 年 3 月，Roblox 在纽交所上市首日市值就达到 400 亿美元，是老牌游戏大厂育碧（Ubisoft）的六倍。在上市招股书中，Roblox 全面总结了它所认为的元宇宙的八大特征——身份、朋友、沉浸感、随时随地、低摩擦、多元化、经济系统和安全。

如果去掉"元宇宙"这个词的光环，我们看到，Roblox 是一个游戏平台，用户在平台上可以玩想要玩的游戏，而更重要的是，创作者可以用它提供的工具创建游戏。创作者既指专业游戏开发者，也指每一个用户。它属于沙盒游戏（sandbox game）类型，沙盒游戏的特点是，用户能够改变或影响甚至创造世界，可以自由地探索、创造和改变游戏中的内容，游戏也一般不强迫玩家完成指定任务或目标。按公司网站的数据，目前 Roblox 平台上聚集了约 700 万名游戏创作者。Roblox 为游戏开发者提供了三个关键工具——游戏技术基础设施、游戏开发工具与用户的连接，而把创意的空间留给了专业游戏开发者。⊖

每一个网络游戏都是在建立自己的宇宙空间，供游戏玩家玩耍，但

⊖ 如果你有兴趣，可以去 Roblox 的开发者门户网站了解如何在这个平台上进行游戏开发：developer.roblox.com。

其中一些游戏会邀请玩家一起参与建造——建立自己的游戏，建设
自己的房屋。游戏公司试图建立一个三维空间，让用户参与建设，
在 Roblox 之前人们就有多个尝试。2006 年年末、2007 年年初，
林登实验室推出流星一般的《第二人生》（Second Life），它快速
成为全球关注的焦点，又快速消失。它的特点有两个：三维建模
和围绕游戏币林登币组成的货币经济体系。《第二人生》当时吸引
了很多实体机构进入，包括哈佛大学等名校在上面开设虚拟课堂。
《第二人生》中的企业反过来也在实体世界中注册为公司。现在仍
然非常吸引人的沙盒游戏《我的世界》（Minecraft）以支持玩家与
开发者在其中自行开发著称，玩家可以打造精美绝伦的建筑物。^㊀
哥伦比亚大学有学院在其中搭建数字校园，2020 年还举办数字毕
业典礼。

Roblox 的确算得上是一个独特的游戏元宇宙，因为它融合了 20
年来的多项技术与商业创新：第一，它延伸了沙盒游戏、云服务平
台，为游戏玩家、创作者提供了精彩的游戏体验；第二，它自身
是连接玩家与创作者的互联网平台，类似于 Uber 或滴滴是连接司
机与乘车人的平台；第三，它借鉴了《第二人生》的游戏币经济
体系，建立了围绕 Rolux 游戏币的货币经济体系，用市场经济逻
辑协调了游戏玩家和游戏创造者。它的网页上说，用 Rolux 游戏

㊀ 你可以在《我的世界》维基页面查看详细说明：https://minecraft.
fandom.com/zh/wiki/Minecraft_Wiki。

币可"购买你虚拟形象的升级物品或作品中的特殊技能"，但是它"无任何真实货币价值"。

在好莱坞的电影中，我们看到过很多虚构的世界，这也正是用元宇宙来描述互联网的未来时能一下子吸引公众眼球的原因。导演斯皮尔伯格的电影《头号玩家》给我们讲述了 2045 年名为"绿洲"的未来元宇宙中的争夺继承权的故事。每天都有数十亿人在"绿洲"中工作和娱乐，他们全部生活在这个超大规模、不断延展的世界里。他们在其中相识，成为挚友，甚至结婚，但在实体世界中可能根本没有见过面。电影主角韦德·沃兹一回到家就戴上虚拟现实头盔，进入"绿洲"中寻求慰藉。不管在实体世界他经历怎样的挫折，在"绿洲"中他能华丽变身，成为一个名叫帕西法尔的男孩，在数字世界里攀登珠穆朗玛峰，历险寻找宝藏。其他人也和他一样，沉迷于"绿洲"中，在这个世界里活出了第二生命，仿佛实体世界中的混乱并不存在。

哈利迪一手建造了"绿洲"这个虚拟世界，临终前，他宣布自己在"绿洲"中设置了一个彩蛋，找到这枚彩蛋的人可成为其继承人。但要找到这枚彩蛋，必须先获得三把钥匙。之后，典型的好莱坞故事由此展开。

当然，好莱坞电影背后所蕴含的思想较少是向往数字未来的科技乌托邦，它们更多是受赛博朋克思想的影响，故事常是英雄反抗一切

都被计算机网络控制的暗黑未来，强调对人的人文关怀。[⊖]2021
年，《失控玩家》再次讲述一个这样的元宇宙或反元宇宙故事。这
一次，主角盖发现自己其实不是人，只是开放世界电子游戏中的
NPC 角色（非玩家角色或机器角色）。他不甘于自己"工具人"
的命运，决心以自己的方式拯救自己和世界。通常在好莱坞电影
中，一个数字化技术建造的宇宙和它的创造者、统治者是邪恶的代
表，英雄站在他们的对立面，打败邪恶，重燃我们的希望。科技
就以这样的方式发展着，有人设想，有人研究，有人创建，有人
反思。

互联网就是元宇宙：立体互联网与价值互联网

如果你不是仅仅去眺望虚拟现实头盔、3D 虚拟世界、网络游戏或
好莱坞电影中那些科幻般的未来场景，而是看回自己周边，你或许
会惊讶地发现：互联网就是元宇宙。

你可以看到已经在自己身边的众多数字世界：它们融合线上与线
下，让你的生活更加便利。当你驾车行驶在高速公路上时，导航
引导你的行车路线，提醒你安全驾驶不要超速，并随时播报前方

⊖　科技的未来是乌托邦，还是反乌托邦，这是个有意思的话题。很多实
　　际从事科技产业或互联网业的人会更认同未来学家凯文·凯利（Kevin
　　Kelly）创造的一个词——"进托邦"（protopia），在这样的未来设想中，
　　事物是逐步进化的，"今天比昨天更好，虽然变好的程度可能只是那么
　　一点点"。

路况。导航的地图和语音融合了实体与数字，创造了一个增强版的现实世界。当你用外卖平台点餐后，餐厅和外卖员立刻开始行动，最终将你要的餐食送到你的手上。如果你想要看，你可以看到快递中餐食的实时位置。这同样是一个实体与数字融合的新数字世界。

这样的数字世界不只是没有科幻感，甚至因为我们每天都在接触而显得有点过于平常。但我想你无法否认，这样的数字世界已经给我们的生活带来巨大变化，它带给我们普通人内心更想要的"高科技，但低科技生活"。

说"互联网就是元宇宙"，当然并不完全准确，元宇宙代表着对下一代互联网的想象。现在仍主要把我们局限在各种平面屏幕上、人与人关系单调的互联网将走向下一代。

一方面，我们在实体景象与虚拟景象融合的、三维的新数字世界中获得全新的生存体验。互联网不再是屏幕上二维的、由界面与按钮组成的，而是混合的、立体的，这就是所谓立体互联网。

另一方面，在新数字世界中，我们将共同创造、共享价值。在探讨这方面时，根据强调重点的不同，人们会用"所有权经济"（ownership economy）或给创造者以激励的"创造者经济"（creator economy）来描述新数字世界的经济逻辑。因为与所有权和激励关联的是价值，所以我们可以说这是价值互联网。

如图 1-1 所示，元宇宙是第三代互联网（Web 3.0）。

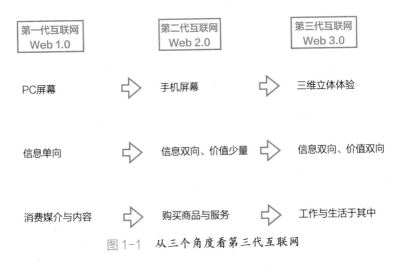

图 1-1　从三个角度看第三代互联网

第一代互联网是 PC 互联网，第二代互联网是移动互联网，第三代是我们的身体或数字化身可以走入其中的三维立体的互联网。互联网缩短了空间距离，改变了时间维度，增强了人与人的连接方式，但它一直是二维的。虚拟现实头盔、可穿戴设备、体感控制等各种创新技术产品都试图将互联网带向三维立体，现在似乎到了临界点。

第一代互联网是信息只读的互联网，价值流动很少；第二代互联网是信息可读、可写的互联网，但价值主要是单向流动；第三代互联网则将实现信息和价值的双向自由流动。

第一代互联网，我们在其上消费媒介与内容，包括新闻、视频、游戏、社交；第二代互联网，我们通过电商购买实物商品，也可以购买线下服务如外卖、打车；第三代互联网，我们不再只是用户或消费者，越来越多的人将在其上工作和生活。我们可以在数字世界中获得收入。

总之，元宇宙再次激发了我们对数字未来的期待，同时它又让我们发现自己其实一直走在通往实体与数字融合的新世界的路上，我们周围的世界在被数字技术以惊人的速度改变着。元宇宙代表的是对遥远未来的想象。在我看来，如果能跳跃到未来，从遥远的未来，元宇宙传递给今天的我们的讯息是——往前走，莫回头。

[专栏] 从地球村到元宇宙：未来的诞生

人们从学术、科幻、政府、产业等角度对数字未来有一系列设想，在过去、现在与未来，这些设想引导我们去探索与创造。这里做简要梳理供你参考。

地球村（Global Village）。这是媒介学者麦克卢汉提出的理论，在他 1964 年的著作《理解媒介：论人的延伸》中提出。这个词形象地告诉我们，信息技术的发展缩短了地球上的时空距离，整个地球像一个小小村落。

赛博空间（Cyberspace）。它由科幻小说作家威廉·吉布森在 1982 年的小说《全息玫瑰碎片》中提出，指计算机以及计算机网络里的虚拟现实。它还演化出了"赛博朋克"等概念，对科幻小说与电影的影响巨大。机器与人的混合体"赛博格"（Cyborg）与它有着同样的渊源——控制论（cybernetics）。两年后，在小说《神经漫游者》中，吉布森让赛博空间更加具象，主人公凯斯让自己的神经系统挂上全球计算机网络，他使用各种匪夷所思的人工智能与软件为自己服务。赛博空间原指与工业化实体空间截然不同的新空间，后来逐渐被等同于网络空间或数字空间。

数字化生存（Digital Being）或数字化生活（Digital Living）。

它于 1996 年由尼葛洛庞帝在开启数字化未来的畅销书《数字化生存》中提出，他当时是美国麻省理工学院（MIT）的未来科技研究机构媒体实验室主任。数字化生存指的是，人们从原子世界的生存演进到比特世界的生存。他展示的众多数字化生活的设想，后来大多变成了现实。在过去 30 年，互联网产业发展外溢形成数字经济、数字社会，人类的数字化生存与生活逐渐成为现实。

信息高速公路（Information Highway）与新型基础设施建设（这里特指中国"新基建"，China New Infrastructure）。我们可以看到中美两国的相关政策举措虽时隔近 30 年，但遥相呼应。1992 年，时任参议员、后曾任美国副总统的戈尔倡导建立"国家信息基础设施"，并形象地命名为"信息高速公路"。2020 年，中国的相关政策强调加快 5G 网络、数据中心等新型基础设施的建设进度。一般认为，新基建包括 5G、特高压、城际高速铁路和城际轨道交通、新能源汽车充电桩、大数据中心、人工智能、工业互联网、物联网等领域，其中主要为与数字技术相关的基础设施。

互联网公司（Dot.Com & Internet Company）与数字经济（Digital Economy）。互联网公司最初被称为 Dot.Com，后来逐渐地形成了包括多个细分领域（如内容、社交、电商）的互联网大产业。自20 世纪 90 年代初互联网商业化以来，互联网产业以自身的方式演化与发展——从 PC 互联网到移动互联网，从线上到线下。近年来，互联网的关注重点从应用为主（新闻、社交、电商、游戏、打车等），转向技术主导（大数据、机器学习、芯片设计与制造、虚拟增强现实、区块链等）。现在人们通常认为，互联网公司的典型形态是连接供需双方的互联网平台。唐·塔普斯科特被认为在 1995 年出版的《数字经济》一书中首次提出了"数字经济"。后来马化腾、孟昭莉等著的《数字经济》中提到人类社会、网络世界与物理世界的融合，这三者融合形成的正是现在我们所说的数字经济，这一观点的特点是将人类社会中的社交关系纳入了数字经济之中。

全球大脑（Global Brain）。近年来，人工智能在数据、算法、算力的三重刺激下重新爆发。人们看到，互联网在大数据与人工智能的支持下成了人类整体的"全球大脑"。全球大脑不是全新概念，凯文·凯利在《必然》一书中有一种形象的描述，既呼应了前人的观点，又结合了新变化："真正的人工智能不太可能诞生在独立的超级电脑上，它会出现在网络这个由数十亿电脑芯片组成的超级组织中……任何与这个网络人工智能的接触都是对其智能的分享和贡献。这种人工智能连接了 70 亿人的大脑、数万兆联网的晶体管、数百艾字节的现实生活数据，以及整个文明的自我修正反馈循环。"

元宇宙（Metaverse）与第三代互联网（Web 3.0）。元宇宙这个概念由科幻小说家尼尔·斯蒂芬森在其 1992 年的小说《雪崩》中提出，主人公戴上接入网络的虚拟现实头盔，就可以生活在由电脑与网络构成的虚拟空间。这本书对虚拟现实和游戏的发展影响巨大。最终在 21 世纪第三个 10 年，在技术与产业成熟之后，元宇宙成为数字化未来设想的代名词。在本书中，我们将元宇宙视为实体世界与数字世界融合的新世界，称之为第三代互联网（Web 3.0），并将它细分为立体互联网与价值互联网。

02 第二章

马克·威瑟
普适计算（pervasive computing）提出者，
曾任施乐公司帕洛阿尔托研究中心首席科学家

虚拟现实的出发点是将自己置身于电脑世界，而我想要做的恰恰相反。我想要把电脑世界安置在你身周、身外。将来，你将被电脑的智慧所包围。

约翰·希利·布朗
曾任施乐公司首席科学家、施乐公司帕洛阿尔托研究中心主任

展望未来的正确方式不是向前看，而是向周围看。

元宇宙的概念起源于 1992 年出版的科幻小说《雪崩》，屡获大奖的科幻小说家尼尔·斯蒂芬森创造的 Metaverse 这个词是两个词的组合：meta（超越）+ universe（宇宙）。在我买的第 1 版中文版中，这个词被翻译为"超元域"，对比一下，现在"元宇宙"这个新中文词显然要响亮得多。

主角阿弘戴上带有虚拟现实目镜的头盔，就可以进入与现实实体世界平行的另外一个世界。

> （目镜）形成的图像就悬在阿弘的双眼和他所看到的现实世界之间。只要在人的两只眼睛前方各自绘出一幅稍有不同的图像，三维效果就能被营造出来。

> 阿弘并非真正身处此地。实际上，他身处一个由电脑生成的世界里：电脑将这片天地描绘在他的目镜上，将声音送入他的耳机中。

我最初喜欢《雪崩》这本科幻小说并不是因为元宇宙这个电脑生成

的世界，而是阿弘在小说中当时所处的现实世界：他身穿全是高科技的比萨快递员制服，开着拥有足以把物体送到小行星的巨大能量的高速电动汽车。他是比萨外卖快递员，服务于未来美利坚最强大的公司——名为"我们的事业"的比萨公司，快递员是整个社会精英层中的精英。在过去十年，当我看到电商与外卖快递员对我们数字生活的巨大影响时，我总说，斯蒂芬森以独特的方式预言了未来。

现在人们说起元宇宙时，倾向于将它简化成阿弘戴着虚拟现实目镜进入的那个虚拟世界，有组织、有公司、有办公楼、有酒吧等。阿弘所处的元宇宙由"全球多媒体协议组织"控制，阿弘和哥们在其中购买土地、建设了一个街区，他还是元宇宙中的黑日项目⊖的参与者：为之工作，拿到股票报酬。

阿弘穿梭在两个世界之间。他目镜中看到的虚拟的世界很精彩，而他那被高科技设备增强的实体世界同样惊险。这和我们现在所处的情形是相似的，网络与实体世界交织在一起，有时候我们很难分辨一个人之前是在网上跟我们说了句话，还是他当面跟我们说的。

让我们先来看看计算机生成的亦真亦幻的世界。

⊖ 在科幻小说家那里，黑日项目（Black Sun Systems）大概对应的是小说撰写时的知名计算机公司太阳微系统公司（Sun Microsystems），它开发了 Java 编程语言。

从虚拟现实到实时的真实

用虚拟现实技术塑造出能超越实体的世界，是人们一直以来想用计算机做的事之一。狭义的元宇宙，通常指的就是视觉上让我们感觉身临其境的虚拟世界，但我们又明确知道，它是"假的"或"人造的"。最初，这样的计算机制造的世界，首先是由目镜在我们的眼前塑造出来的 3D 虚拟现实影像。这个领域中的典型公司是 Facebook 收购的 Oculus 虚拟现实头盔公司，它已经推出多代 Oculus Quest 头盔产品。

之后又逐渐演化，变成实体与屏幕的结合。谷歌眼镜（Google Glass）展示了在眼镜上叠加信息的可行性，这就是把计算机信息叠加在眼睛看到的现实景象之上，形成所谓的增强现实（augmented reality，AR）的场景。这激发了一系列应用，当前真正实地应用的多是这一类，工程师戴着增强现实眼镜可以看到工厂里机器的实际运行数据，安防人员戴着专用的眼镜进行人的识别、锁定可疑目标。

微软公司则用全息显示设备 Hololens 试图实现所谓的混合现实（mixed reality，MR），在电脑生成的接近真实的虚拟场景上叠加真实世界的场景。但是这种分类并不严格，在真实场景中叠加虚拟场景有时候也被称为混合现实。按微软的说法，它更强调将人体全息影像、高保真全息 3D 模型及周围的现实世界结合起来。在电影

《星球大战》中，我们看到过类似的未来想象：在通话时，莱娅公主的全息影像出现在主角天行者卢克面前。

另外，很多人曾经看过获得谷歌投资的 Magic Leap 所展示的视频，在视频中，人们无须佩戴任何设备，肉眼就可以看到鲸鱼从体育场中跃起。这是用"光场"（light field）投射技术取代屏幕呈现，光场投射出的、由机器生成的人工场景可以和现实场景叠加，让你以为那些物体就在那儿。微软的 Hololens 和 Magic Leap 都是采用光场投射技术，后者官网首页现在写着："元宇宙已在这里。"

随着数据、算法与芯片的优化，近年来让人激动的新进展是，用机器实时模拟出现实。如果你未仔细辨认，你会认为你听到、看到的是真的。有些初级的应用已经在我们身边，比如几年前我们就能在导航软件中体验到，人工智能算法（更准确地说是机器学习算法）可以对一个人的语音进行学习，模拟出他的声音说导航引导。在 2020 年，北京人民广播电台的一位主持人给我听人工智能做的音乐节目播音，我根本听不出那是一个机器合成的人的声音，那是"比真实还真实"的电台主持。

现在，计算机已经可以渲染出真实的人物与场景画面，欺骗过比耳朵要求高得多的眼睛。2020 年 5 月，芯片公司英伟达（Nvidia）创始人黄仁勋做过一次视频演讲，其中有 14 秒视频的背景与演讲人都是由计算机生成的。虽然故意留有蛛丝马迹，但当时所有人都没能发现。一年后，当他们在计算机学术会议上公布背后的算法、系统和工程实践时，人们惊呼："老黄欺骗了世人！"

或许有人会问，好莱坞不早就实现了这些吗？从卢卡斯的工业光魔到乔布斯的皮克斯电影公司，它们早就能在大荧幕上以最精细的方式展示冲击我们眼睛的画面。

这一次不一样。之前，电影工业做的是，事先进行大量的渲染、剪辑、特效，合成出比真实还真实的画面。现在，计算机图形学、机器学习算法和芯片的算力共同展示的可能性是，也许在不久的将来，计算机可以实时在你眼前绘制出比真实还真实的画面。

在电影《阿凡达》中，数字技术渲染出来的人或角色无比逼真。但是，现在我们对逼真度不如电影的"数字虚拟人"充满好奇，是因为他们已经能做到（当然非常勉强地）与我们交谈，能够做到实时互动。最早在 2007 年，日本 Crypton Future Media 公司用雅马哈的语音合成程序推出合成声音的数字歌手"初音未来"，后来她逐渐地有了自己的具象形象、全息形象，甚至过去十年每年举办演唱会。近年来，随着人工智能技术的发展，一些公司甚至创造数字虚拟人员工。2021 年 9 月 8 日，阿里巴巴宣布 AYAYI 成为首位数字员工，并担任天猫超级品牌日营销活动的首位数字主理人（见图 2-1）。

图 2-1　AYAYI 成为阿里巴巴集团的首位数字员工
资料来源：天猫超级品牌日微博。

我们这里类似地造词，把这种能够实时计算生成视觉与声音称为模拟现实（simulated reality），它的关键词是"实时"。实时地生成与叠加，才能真正变成可用的日常应用，而不仅仅是展示。过去，我们可以拍摄一些视频，然后，用后期制作的方式加上信息框展示数据，增强现实眼镜现在能做的是，实时地在你的眼前呈现数据与信息。随着技术的进步，实时生产的虚拟影像可能会逐渐地投入应用。电影与视频展示的是未来可能性，而当技术能够达到实时后，应用就能进入我们的生活。

如何创造亦真亦幻的世界

元宇宙在当下能激发我们对未来的想象，首要原因是它承诺创造一个亦真亦幻的世界，让我们可以自由自在地生活在其中。这也是为什么虚拟现实与增强现实是人们说起元宇宙时首先想到的。Facebook、腾讯、微软、英伟达这些科技公司告诉我们的也是同样的技术路线——构建虚拟（增强）现实的技术基础设施与应用。

自 1990 年年初互联网商业化开始，我们已经逐渐地进入了数字世界：我们在电脑或手机屏幕上看到图文化的信息，与之交互互动。

探索最终汇集到元宇宙，这些探索给我们展示这样的未来：你可以摆脱屏幕，看到更逼真的世界，身处其中，与之互动。图 2-2 是一张简图，展示当下从创造一个亦真亦幻的世界所需的输出、输入与交互控制。

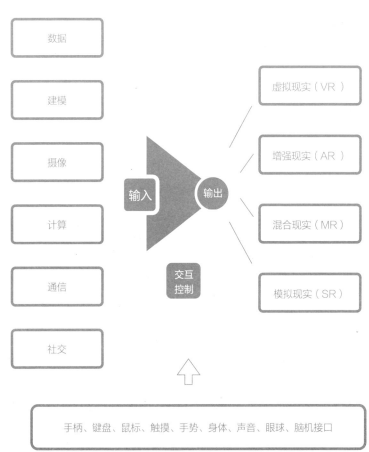

图 2-2　元宇宙的输出、输入与交互控制

输出：用户看到的用户界面

第一，我们希望能够有一个逼近真实的数字世界呈现在我们面前。前面讲过，输出，也就是界面体验方式有四种：戴上头盔看到的虚拟现实（VR），强调沉浸体验；戴上眼镜看到的增强现实（AR），强调现实与数字信息融合；将接近真实的图像叠加到实体世界上或反之，形成让我们通过肉眼可看到的混合现实（MR）；以及实时模拟现实（SR），强调实时生成画面的真实度。

虚拟现实、增强现实、混合现实、模拟现实其实是相通的。在我们能够用芯片与算法实时生成接近现实的画面后，这些画面可以在VR头盔中显示，可以叠加在增强现实的镜片中显示，也可以通过光场技术投射在我们眼前。当然，还可以成为电影院中我们观看的电影。

输入：生成输出所需的数据、模型与通信

第二，呈现在我们眼前的画面是计算机生成的，是根据众多输入组合而成。目前看，输入的来源包括六个方面：数据、建模、摄像、计算、通信、社交。

以Facebook、微软等公司已经在反复提及的虚拟现实在线会议场景为例，我们来设想一下用到的输入。

当我们在会议软件中预定一个会议，上传会议要用的文档，这些动

作形成会议的基础数据的输入。参会者之间的社交关系也自然地被纳入进来，我们将共同参与一次会议讨论。会议开始了，我们打开摄像头，摄像头拍摄的参会者真实的画面与背景融合起来，呈现到其他人面前。

按 Facebook 与微软的设想，我们也可以用模型建模出来的 3D 个人形象参会。摄像头捕捉我们的动作，个人电脑或服务器进行计算，让我们的 3D 个人形象相应地做出动作。

参加在线会议，参会者身处世界各地，图像、声音、数据的传递需要快速的通信基础设施支持，5G 及未来的大容量通信开启了更多可能性。

元宇宙已来，至少它的雏形已经在我们身边。当你在腾讯会议等软件中用到这些功能时，一个与真实略有不同的你出现在参会者面前：你的脸部可能已经被软件缺省加上了美白特效。你用漂亮的图片替换掉自己身后可能杂乱的背景。如果你使用如黄鹂智声等降噪耳机，耳机可以用算法过滤噪音和环境音，让别人只能听到你的说话声。

交互控制：用户控制数字世界中的自己

第三，我们不只是想被动地体验数字世界，我们要与之互动，这就需要交互控制。

与数字世界的交互控制方式一直在进化。最早，与计算机的交互只能通过打孔卡片，后来有了键盘，再之后有了较为自然的鼠标。

在过去十多年，随着大屏智能手机的普及，人们已习惯了用手指触摸来交互。这是一种非常自然的交互，连小孩子都可以自然地使用。这个创新交互的大规模应用曾出现在苹果 iPad 上。当时，一个科技作家记录了这样一段经历。他三岁的女儿每天都在用 iPad，习惯了点击看图片、放大。当她去看纸质版图画书时，她也想用双指拉动放大，她抱怨说："这个书坏了！"

现在，对身体控制、声音控制、眼球追踪也分别有一些探索，但仍局限在特定的使用场景。微软的体感技术 Kinect 实现了身体就是控制器，你可以在电视机前面跳舞，游戏里的人物随着你的身姿起舞。我们可以用声音（如苹果的 Siri）调用应用软件，或者安装一些智能家居设备之后，我们回到家可以说："帮我打开窗帘。"眼球控制则主要使用在医疗辅助等少数场景中。著名物理学家霍金在世时就曾经与英特尔合作，为他这样全身都无法动的人士开发用眼球控制软件的技术。

在虚拟（增强）现实领域，当前主流的交互控制借鉴自游戏的手柄。VR 产业目前的四种实用的交互控制手段——眼球追踪、语音、手势、手柄中，手柄的技术最为成熟，效果好而且成本较低。

对于交互控制的未来，科幻小说般的大胆设想是脑机接口，也就是用大脑直接控制计算机。用意念控制机器，是科技的终极梦想。通常来讲，脑机接口分两类：第一类是在人的大脑中植入芯片，这是所谓的侵入式；第二类是用设备比如功能核磁共振成像捕获人的脑电图，这是所谓的非侵入式。脑机接口目前还处在非常早期的探索阶段。

要创造一个我们真正可以生活和工作在其中的元宇宙，交互上的持续改进是一大关键。在我们看来，交互的进化不会直接跃迁到诸如眼球追踪甚至脑机接口，而多半会是渐进的。从电脑鼠标到智能手机触摸，看似是我们抛弃了鼠标，实际是我们用屏幕加手指"组成"了鼠标。在线会议这类应用引入了声音与摄像头，也可以说是交互控制的进步。在这类场景中，我们不需要机器理解我们的声音与动作，对面的参会者可以很容易地理解声音与画面，并对应地做出互动。接下来，机器的理解能力会发展到能理解声音与动作的程度，声音与摄像头可能是下一个主流交互控制方式。

总的来说，为了在我们眼前创造一个亦真亦幻的世界，并让我们身临其境，人们持续在输入、输出、交互控制三个方面探索着。迄今为止互联网的重心在输入和交互上，而在输出呈现上它就简单地以网页和 App 界面的形式呈现在我们面前。在各项技术逐渐成熟后，虚拟（增强）现实则启发人们去探索更自然、更真实的视觉呈现。这或许能将我们从电脑屏幕和手机屏幕上解脱开，带给我们三维立体的互联网，我们的身体或数字化身在其中自由活动。

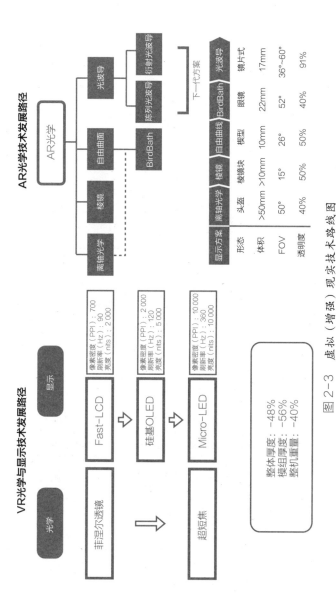

图 2-3 虚拟（增强）现实技术路线图

资料来源：《拐点已至，全真将到：虚拟（增强）现实产业发展十大趋势（2021）》，腾讯研究院、腾讯多媒体实验室等，2021 年 11 月。作者摘选了部分图表组合成上图。

[知识块] 技术趋势：VR 轻薄化，AR 光波导

2021 年 11 月，腾讯研究院、腾讯多媒体实验室等在报告《拐点已至，全真将到：虚拟（增强）现实产业发展十大趋势（2021）》中对于 VR、AR 的未来技术演进做了分析。

如图 2-3 所示，当前，对于虚拟现实头盔，双眼分辨率 4k+ 的菲涅尔透镜是主流，而超短焦开始被部分使用。比如，Oculus Quest 2 的分辨率为 4K，刷新率为 90Hz，屏幕是 Fast-LCD，光学方案是菲涅尔透镜。

对于增强现实眼镜，光学模组是核心，当前的光学模组方案主要是 BirdBath 光学结构，而下一代的方案是光波导（optical waveguide）。光波导是引导光波在其中传播的介质装置，又称介质光波导。采用光波导显示方案后，AR 光学的参数对比如图 2-3 所示，其中 FOV（field of view）指的是显示设备边缘与观察点（眼睛）连线的夹角，即你能清晰看见画面和余光扫到的内容，它代表你所看到的全景角度，角度越大沉浸感越强。

这是我们要的未来吗

虚拟现实是我们要的未来吗？转换一下这个问题，它实际上问的是：数字世界要跟现实世界一样吗？我们认为未来是现在的"复制品"吗？

未来学者凯文·凯利曾就虚拟现实做了很有意思的讨论。他首先对虚拟现实做了定义：最早的虚拟现实是，利用电脑模拟产生一个三度空间的虚拟世界，提供用户关于视觉、听觉、触觉等感官的模拟，让用户如身临其境一般，可以及时、没有限制地观察三度空间内的事物。

他承认，这个想法没错。的确，试图在头盔里或屏幕上创造这样一个像真实的场景，这是一个有意思的设想。凯文·凯利写道："小说家在人类的这种反射中勘探发掘，从而将新事物和旧事物联系起来"。

但仅用这样的方式去设想未来，则可能误导我们。互联网的发展历程最好地说明了这一点。在互联网发展之初，包括凯文·凯利曾担任主编的《连线》杂志设想的未来是，大量的内容（电影、电视、图书）从线下被搬到线上，未来的网络更像电视，你可以看到5000个内容频道。当时几乎所有人都认为，互联网会复制当时的实体世界。

正如我们所知，就内容而言，互联网并不是按这样的方式发展的。我们短暂地将报纸、杂志的文字内容搬上网，在网上创造跟阅读杂志一样的体验。但是，互联网逐渐地创造了全新的内容——由超链接连接到一起的、网状的内容。人们也曾经为网络搬运和创造大量的视频内容，这当然受人欢迎，但更受欢迎的是弹幕与短视频。互联网内容发展的极致是社交网络中的内容，我们写下无数的状态（如朋友圈）、拍摄上传照片或视频，我们点赞与评论。活在社交网络中，我们的感受比真实还真实。

未来从来不是过去的重复。

在我们眼前构建一个三维立体的、跟现实世界一样逼真的世界，这开启了元宇宙的想象，但我们绝不应该停在这里。[⊖]让我们接着往下探索。

⊖ 关于把虚拟现实视为未来的批评有很多。最近的一个形象的批评是，我们的未来不应该让扎克伯格"把人的头塞到虚拟现实头盔里"。就此话题，信息化的一个知名的悲观论者、法国著名哲学家保罗·维利里奥在《解放的速度》（1995 年）一书中有一段非常经典的讨论，我尝试用较为易懂的方式转述如下，括号中的文字是我所加：

> （信息化或网络化的终极状态是，我们成为）被各种"互动性假器"（假器原文为法语，指伤残人士用的义肢）完美装备起来的"终端公民"，（我们成为）为不必进行物理上的移动就能控制家庭环境而装备起来的"残缺支配者"。这是一个个体的灾难性形象，个体既丧失了自然运动能力，又丧失了直接干预能力。由于没有更好的选择，他完全信赖传感器、感觉器或其他种种远距离探测器的能力，变成了被机器奴役的存在。

显然，你我都不想要这样的元宇宙未来。"终端公民"看起来蛮不错，但我想"残缺支配者"这个矛盾的说法会一下子击中很多人。我一直就觉得，用语音控制窗帘是很奇怪的做法，是典型的"残缺支配者"式的幻想。自己去拉开窗帘不好吗？我们希望用数字来让现实生活变得更美好，但同时，我们要保留随时离开手机与数字、在实体中享受简单的美好的能力。

元宇宙四象限：线上应用、线下应用、虚拟世界、镜像世界

早在 2007 年，就有众多的创新者关注到斯蒂芬森所说的元宇宙的虚拟现实与 3D 呈现的可能性，他们共同发起了跨行业峰会"元宇宙路线图"（Metaverse Roadmap），发布了 75 页的产业目录与 25 页的调研报告。在名为《元宇宙路线图评论》的调研报告中，约翰·斯马特等提出了一个元宇宙四象限框架[⊖]。图 2-4a 的上半部分是实体世界，即我们周围的现实世界，下半部分是由计算机生成、呈现在我们眼前的模拟世界。

发展相关的技术时，横向是从关注外部到关注个人的连续体，纵向的两端分别是用技术去增强实体世界、用技术去构建模拟的世界。在横向，当关注外部时，我们通常做的是增加传感器与各种设备；当关注个人时，我们则努力建立人的身份、促进人与人的互动。在纵向，当关注增强时，我们努力构建界面与网络；当关注模拟时，我们则重在建立能重现实体世界的模型和营造沉浸的体验。图 2-4a 中四个与技术相关的环是后来加上的。

⊖ Smart，Cascio，Paffendorf. Metaverse Roadmap Overview，2007.
https://www.metaverseroadmap.org/overview/.

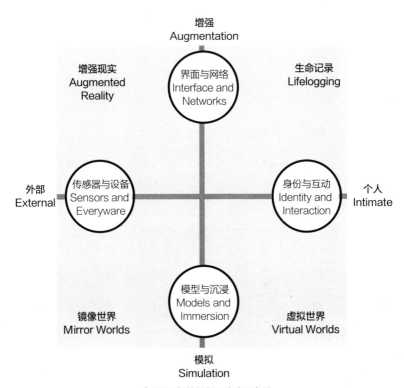

a）2007年的初版元宇宙四象限

图 2-4 元宇宙四象限：线上应用、线下应用、虚拟世界、镜像世界

b）调整后的元宇宙四象限及应用示例

图 2-4 （续）

资料来源与说明：2007 年，《元宇宙路线图评论》。后来有人在图 2-4a
上叠加了相应的技术，第二象限的"增强现实"与现
在的 AR 并不完全是同一含义。图 2-4b 为根据图 a
延展而来。

通过这样的横纵轴划分，我们可以大体上把技术发展带来的可能性分成四个象限。要注意的是，为了呈现最初的想法，我们这里沿用了原始的用词，但增强现实、虚拟世界等现在成为固定名词，有了新的含义。

我们来逐一看看图 2-4a 的四个象限，并用现在的例子加以解读。

当我们试图把人放进一个模拟的世界中，让他在其中获得独特的个人体验时，我们创造的是所谓的虚拟世界。传统的 PC 游戏、网络游戏可以说是虚拟世界的典型。

当我们试图模拟一个跟现实一样的模拟世界，又关注外部的物体时，我们创造的是所谓的镜像世界。现在我们说的数字孪生，如建立一座工厂的数字模型，用以进行维修模拟、运行模拟，这属于镜像世界象限。

当我们试图用数字技术去增强实体世界的物品时，我们所创造的就是图 2-4a 说的增强现实。比如，当我们安装智能家居如窗帘，用语音控制它，或者让它根据光照与你的喜好自动调节时，这样的做法落在了增强现实象限。

当我们试图用数字技术去强化个体的体力或记忆，或增强人与人的联系，我们所创造的就是所谓的生命记录。当我们戴着苹果智能手表，随时监控心率时，这样的做法就落在了生命记录象限。当我们在微博或小红书上发图片记录生活与心情时,我们也是在用数字技术进行生命记录,或者说生活记录。

为便于按现在的方式理解,我们调整并延展出图 2-4b。下面附上在当下互联网、移动互联网及科技产业中已有的一些应用案例作为示例。

> 虚拟世界(个人/模拟),示例有:网络游戏、Decentraland等虚拟世界、数字虚拟人、电影与视频。

> 镜像世界(外部/模拟),示例有:工厂数字孪生、谷歌街景地图、迪士尼乐园。

> 线上应用(个人/增强),示例有:社交网络、在线会议软件、Notion 等笔记软件。

> 线下应用(外部/增强),示例有:电商平台、打车平台、汽车导航、电动汽车等。

随着以互联网为代表的数字技术与产业的逐渐发展,我们周围的实体世界与计算机网络营造的数字世界已经初具雏形。现在,将已经有的各种产品放在图 2-4b 所示的四象限分类图中看,我们又发现,现在的各种产品其实主要还是在中心点附近。上下两个方向的扩张尤其不足,囿于技术发展的局限,现在的技术对实体增强得不够,模拟出来的实体也是粗糙的。我们预期,以元宇宙为名的新一轮技术创新、产品创新，将在四个象限中都进一步往外扩张。

元宇宙是新概念，但它的一个个雏形又早在我们身边。曾任施乐公司首席科学家的约翰·希利·布朗说："展望未来的正确方式不是向前看，而是向周围看。"接下来的各章，我们来看一系列已经出现在我们周围的案例。

[专栏] 元宇宙时代，技术长什么样

我们所展望的元宇宙，主要是数字化技术所创造的新世界。我不知道你会不会思考以下这个问题，但这个问题的确困扰了我："技术长什么样？"或者更形象一点，"用技术创造出来的事物长什么样？"

我们不常问这个问题，我们对身边的技术熟视无睹。

复杂性科学奠基人、首屈一指的技术思想家布莱恩·阿瑟在《技术的本质》里，带我们假想了这样的场景。假如某天早上起来，过去600年来的技术都消失了：手机、网络、电、汽车、煤气灶、马桶、钢筋混凝土建筑。他说，"你就会发现，我们的现代世界也随之消失了。……技术无可比拟地创造了我们的世界，它创造了我们的财富，我们的经济，还有我们的存在方式。"布莱恩写的这本书试图探讨"技术的本质"[⊖]。之前也有很多人反思技术和人的关系：技术是让我们人类更强大，还是困扰与压迫我们？

这里就不追问这些深刻的问题。我们这里仅追问一个简单一些的问

⊖ 在《技术的本质》一书中，布莱恩·阿瑟试图从技术这个事物的内部去观察其特性。关于技术的特性（也就是他说的"技术的本质"），他的界定很全面，也很复杂。我认为他的主要观点是"层级结构"与"递归性"。这里直接摘引书中原话供参考：① 技术具有层级结构：整体的技术是树干，主集成是枝干，次级集成是枝条，最基本的零件是更小的分枝。② 技术具有递归性：结构中包含某种程度的自相似组件，也就是说，技术是由不同等级的技术建构而成的。

题：技术创造出来的事物长什么样？这对我们很重要，因为我们想知道，一个个元宇宙就是我们准备用技术去创造的事物，它们会是什么样子？

技术是什么样子？直接出现在我们眼前的可能是：印刷术、蒸汽机、炼钢、电、通信、IT、基因技术、材料技术、芯片、软件、人工智能、云计算等。也可能是各种各样的技术产品，从我们身边的汽车、电脑到让我们激动仰望的航天飞机、空间站，从看得见的高速公路、高楼大厦到基本上看不见的电网、移动通信网络等。也有人会说，工厂、金融体系、城市、互联网都是技术的产物。是的，技术有着太多的样子，以致我们不知道如何描述它。

我们可以选取几个最典型的作为技术的样子的代表。在我看来，用技术创造出来的事物到目前有三种主要的样子（如图 2-5 所示）：机器（machines）、系统（systems）和网络（networks）。选取这三个事物，我想让自己和你都更简明地看到，未来我们用技术创造出来的东西会像网络的样子。

机器。往更早看，人类用技术创造的石斧、犁、水车等被称为工具，但在工业革命之后，人类用技术创造出来的典型事物变成了机器：蒸汽机、珍妮纺纱机、火车机车。在科技博物馆里，我们可以看到各种各样的机器。在人类的对面，站立的是机器，这些机器是人类达成目的的手段。在今天的生活里，我们也几乎无意识地接受机器——我们买回电视机、电脑、手机、汽车等机器，享受技术带来的生活便利。

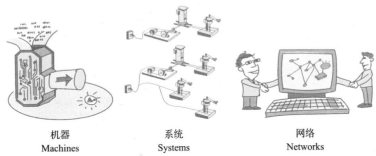

机器　　　　　　　系统　　　　　　　网络
Machines　　　　　 Systems　　　　　 Networks

图 2-5　技术产品的三种典型：机器、系统、网络

注：图中三个漫画图示来自方军的《小岛区块链》一书，绘画作者为
　　小游米。

系统。更具象一点的形象是工厂。工厂是由众多的机器组成的，它
们联合起来完成一个更大的任务。同时，我们还会注意到，工厂里
不只有机器，还有工人与管理者，还有经营与财务，即工厂是由机
器、人员、管理共同组成。

因此，较为准确但不那么具象的说法是"系统"。丰田汽车的
生产体系也就是它的设计、生产、营销的整套系统，被詹姆斯·沃
马克等管理学者命名为"精益生产体系"。他们写了一本管理学名
著《改变世界的机器》，书名中用"机器"做比喻以让人们更容易
理解"系统"。

现在，我们对于系统已经习以为常，习惯于把技术创造出来的事物
看成是系统。比如，我们会说起计算机的操作系统、企业的经营管
理系统。又如，网络游戏中玩家与代码复合而成的事物被称为系

统，2007年，《南方周末》中的一篇流传很广的文章——《系统》，讲的就是游戏。我们也会类比说，我们要更新自己个人认知的操作系统。不知不觉中，我们都接受了，技术就是系统。

这里，我再借布莱恩在书中的战斗机案例，来给你呈现包括非常多层级的、复杂的系统。F-35C是常规的舰载战斗机，它符合我们心目中典型的机器的形象，当然其规模比常见的机器要大得多。一架战斗机可以拆解为机翼与机尾、发动机、航空电子系统、起落装置、武器系统等子系统，每一个子系统又可以进一步拆分。我们还可以从战斗机往上再看：F-35C战斗机是舰载飞行联队的一个组成部分，联队包括其他的战斗机、后勤飞机。飞行联队又是航空母舰的一个组成部分。航母母舰又是航空母舰战斗群的一个组成部分，通常战斗群还包括护卫舰、驱逐舰等。战斗群又是更大的军事系统集团战区的一部分，集团战区包括航母舰队战斗群、陆基航空单位、海军侦察卫星等。

网络。迄今为止，商业化的互联网已经发展了近30年，我们都已看到，对我们当前工作、生活影响最大的技术创造出来的事物是互联网。

也许有人会认为，互联网是众多的网站、App，是背后的海量服务器、数据库、软件代码、数据与算法，是背后的众多互联网平台公司和员工，也就是把它看成是机器或系统。不，它的本质特征是，它是一个网络，或者如互联网（Internet）这个词所说的，相互交织的网。

具体到每一个互联网产品，它们也都是网状的：微信是人、即时讯息、资讯信息交织起来的网络。滴滴出行是由软件平台系统协调的司机、乘客、车辆的网络。淘宝是由电商平台系统协调的卖家、买家、快递公司、直播网红、其他服务商的网络。

在看到当下由技术创造的事物的主要形态是网络后，我们环顾四周会立刻发现，技术已经创造了各种各样的网络：电网、铁路网、高速公路网、电信网络、信用卡网络。如果进一步扩大范围，我们会看到，货币金融系统是经济技术与社会技术组成的网络，人类的语言、沟通与信息是网状的，城市这个人类最大的可直接看到的技术创造物实际上也是网状的。值得注意的是，几乎所有这些网络中的节点不只是机器，也包括了人类，就像互联网一样。

了解了三个典型的技术的样子，我们发现它们三者还可以连起来看：机器被附加更多东西组成了系统，而系统是网络的"操作系统"。滴滴出行所创造的是网络，而滴滴公司和 App 是这个网络的"操作系统"，现在它的通行名字叫"互联网平台"。

总之，网络可能是当下及未来技术创造出来的事物的主要样子。放在本书的讨论背景下，我们可以接着说，一个个元宇宙是一个个网络。

在这样的脉络下，我们就可以把技术的探讨和互联网思想家们众多对互联网和网络的探讨连接上了，从中汲取智慧。这里仅列举几个能立刻想得出来的，如分析网络结构的巴拉巴西、偏重宏大视角的凯文·凯利、写下网络经济学的早期著作的卡尔·夏皮罗与哈尔·范里安等。

我们很多人还会接着想，如类似布莱恩·阿瑟那样的提问："网络的本性像什么呢？"凯文·凯利在他的早期作品《新经济，新规则》中所列的十个规则，现在看仍能很好地回答这个问题。他的回答或许可以直接引导我们对元宇宙的思考。这里列出来供你参考：**蜂群比狮子重要；级数比加法重要；普及比稀有重要；免费比利润重要；网络比公司重要；造山比登山重要；空间比场所重要；流动比平衡重要；关系比产能重要；机会比效率重要。**

我在《失控》中文版扉页上记录了一段英文，它是对《失控》这本书的介绍：(它记录了一个新时代的黎明，在这个新时代)驱动我们经济的机器和系统是如此复杂与自主，以至于与生物无法区分。[⊖]《失控》这本书讨论的是网络，我这里用键盘录入这段英文引文时才发现，这几个词连起来恰好是我们提到的三个技术的样子：机器、系统、网络。

⊖ 英文原文为："a new era in which the machines and systems that drive our economy are so complex and autonomous as to be indistinguishable from living things"。

元宇宙第一块基石

大规模协作

03 第三章 >

埃里克·雷蒙德
开源软件观念引领者、《大教堂与集市》作者

如果开发协调者至少有一个像互联网
这样好的沟通媒介，并且知道如何不
靠强制来领导，那么多人合作必然强
于单兵作战。

斯蒂芬·茨威格
《人类的群星闪耀时》作者

到不朽的事业中寻求庇护。

让我们接着从凯文·凯利的经历说起。在《必然》的开头，他讲了自己的故事。13 岁时，他和父亲去参观计算机展览。他的父亲兴奋不已，在 1965 年，他的父亲从 IBM 这些公司制造的早期计算机中看到并想象出了未来。凯文·凯利不以为然，他看到的是连屏幕都没有，更没有语音，只能靠打孔卡片输入，在纸上打印一些数字的长方形铁柜。这和科幻小说里看到的计算机完全不一样，"这些不是真正的计算机"！

后来在 1981 年，在一所大学工作时，凯文·凯利有了一台苹果公司的 Apple II 计算机。比他晚几年，我自己在上小学时也曾经用过这种苹果电脑，我们用它编写 BASIC 程序，在屏幕上显示图形。接触到个人电脑后，凯文·凯利还是认为，这也不是"真正"的计算机，他写道："它并没有给我的生活带来什么改变。"

几个月后，当凯文·凯利把电话线插进这台苹果电脑的调制解调器，他看到了未来——我们现在每个人都身处其中的互联网。凯文·凯利写道：

突然间一切都变得不一样——电话线另一端是一个新兴的宇宙，它巨大无比，几乎无垠。

这根电话线中的传送门开启了一个新的东西：它巨大，同时又能为人类所感知。它让人感到有机而又非凡无比。

它以一种个体的方式将人与机器连接起来。

他的结论是："回想起来，我认为在计算机与电话线连接之前，计算机时代并没有真正到来。相互孤立的计算机是远远不够的。当计算机接入电话线并与之融合为强壮的混合系统，计算的深远影响才真正展开。"

1965 年计算机展览上的计算机是雏形，加上屏幕的个人计算机是进一步发展。当计算机联网后，未来到来，至少对一部分人是如此。当我们每个人的电脑、手机、手表甚至眼镜都可以接入网络时，对多数人来说，未来已来。

元宇宙，即对于立体互联网和价值互联网的未来设想，是我们试图再向前跃出的一大步。但我们应该看到，我们现在的电脑上和手机上的互联网，其实已经是元宇宙的雏形。

我们现在的感觉跟 13 岁的凯文·凯利有点像：这些已知的一个个元宇宙和科幻小说里讲的、好莱坞电影里呈现的似乎差距太大，它们不是"真正"的元宇宙。请重新想一想，它们或许是真的。它们已经有了心与脑，只不过还缺少眼睛、耳朵、嘴巴及其组合起来的脸。

维基百科：知识之网是如何织成的

在某种意义上，元宇宙是在数字疆域中塑造一个个世界，更具象一点说是塑造一座座城。或许出乎你的意料，我们所知的第一个元宇宙其实是维基百科（Wikipedia）——一座事实性知识之城。元宇宙是参与者工作与生活其中的空间。维基百科向我们展示，它的参与者在其中工作也就是参与词条的编辑，共同创造了一个伟大的事物，也就是维基百科这个知识的网络。

最初，人们不过是想用众包的形式塑造一部数字版的大英百科全书。百科全书形象地展示人类知识的集合。现在我们看到的是，维基百科造就了一部近乎无所不包且极速更新的百科全书。

2000 年年初，吉米·威尔士（Jimmy Wales）想在网上创建一部可以公开阅览的百科全书。他创建了 Nupedia，他选择的做法是，所有的条目发布前都要由专家审核。这是传统的百科全书的做法，由专家撰写，由专家审核，然后正式出版。但在信息时代，这个做法太慢了——18 个月，仅仅编辑完成了 12 个条目。

偶然的机会，主编拉里·桑格（Larry Sanger）遇到了名为 Wiki 的网络协同编辑技术的一个开发者，他们开始想到，Wiki 可能是创建一部更开放的百科全书所需要的技术：每个人都可以在网页浏览器上编写和修改百科全书条目。一个名为 Wikipedia（维基百科）的网站由此诞生，谁都可以编写条目。它与专家编写内容的 Nupedia 并行运行。

最初，这个谁都可以编写条目的百科全书条目的增长并不是特别快，但足以让创始团队把注意力全部放到它上面，因为远超专家撰写与审核的 Nupedia。2001 年 2 月，英语维基百科超过 1000 个条目，9 月超过 10 000 个条目，2002 年 8 月，条目数超过 40 000 个。

它很快以惊人的速度成长，并且成长的方式出乎人们的预期。2001 年 5 月，有了包括中文、德文、希伯来文等 13 个非英语维基百科。3 年时间，维基百科的条目数量达到 10 万个，超过了《大英百科全书》8 万条目的规模。2021 年，维基百科有近 124 万个条目，它覆盖了人类知识的方方面面。它上面还有着各种各样的链接，把我们链向网络上更大的知识世界。

那么，它的内容质量如何呢？在过去 20 年中，人们一再争论维基百科条目的内容质量，事实证明，它的优秀条目已经变得越来越精确，精确度并不低于传统的百科全书。但它的更新速度要快得多，一个新条目也许要几年才有机会登上传统百科全书，而在维基百科可能会短到几分钟。2001 年发生的"9·11"恐怖袭击事件是维基百科发展中的关键时刻，在电视上人们找不到答案，于是转向维基百科去寻找事实性知识，众人一起编辑的维基百科快速地满足了大众的需求。

2005 年发生的一个插曲展示了维基百科的自我更新速度。权威科学杂志《自然》刊登的一篇严谨的报告指出，经 42 位专家评审发现，在维基百科的科学条目中，每一项有大约 4 个错误，而《大英百科全书》有大约 3 个错误。《大英百科全书》对报告结果提出异议，而维基百科则立刻写信给《自然》杂志，要求得到错误的详细信息，它可以即刻修改这些错误。

当然，现在的维基百科并不完美。成千上万有电脑就可以编辑条目的人中可能有因虚荣或自私自利而伪造条目的人。有些条目充满偏见，也有人编写有违普适性道德的恶意内容。这恰恰就是网络的特性，网络强在数量和迭代速度，在优质的头部，质量远超过一般水平，但谁都可以编辑会带来局部的错误或恶意内容。但我们必须接纳网络局部的混乱，其实，健康的混乱甚至是网络活力的重要指标。

现在，维基百科已经成为互联网上事实性信息的基石。它成功地把我们知识世界的重要部分映射到了数字空间，并仍在持续生长。现在，在学术论文中引述维基百科仍被视为不够严谨，但在资料调研时，维基百科已经变得不可或缺，正如维基基金会的首席产品官托比·内格林（Toby Negrin）说的："老师们过去常说'不要看维基百科'。现在，老师们会说'查查维基百科，但这只是最基础的'。"

"你为什么不编辑一下呢？"

Wiki 这个网络协同编辑技术在背后支撑着维基百科的持续生长。在社群中，每个人都可以参与编辑。开发它的程序员沃德·坎宁安（Ward Cunningham）回顾说⊖："如果你点击一个链接，而没有查到相关的信息，它会说：'查询不到相关信息，你为什么不编辑一下呢？'你现在不仅仅是一个读者，你还是一个作者。"

多年前的 1971 年，喝得醉醺醺的科幻作家道格拉斯·亚当斯（Douglas Adams）冒出一个想法，看着自己带的《欧洲漫游指南》，又抬头看看天上的星星，他生出写《银河系漫游指南》的主意。这将是旅行书和百科全书的一个混合体，但不同的是：任何人都可以投稿，而不是由专家撰写。⊜

这个想法很好，但传统的书籍做不到，在网络时代有各种技术的支持，这个想法变得平常。现在的维基百科，正如在过去 8 年中负责维基百科、于 2021 年 4 月卸任的执行董事凯瑟琳·马赫（Katherine Maher）说的："我们的愿景是建立一个人人都能分享所有知识的世界。"

⊖ 口述资料源自 Tom Roston 的 An Oral History of Wikipedia, the Web's Encyclopedia, https://36kr.com/p/1086475774017797。

⊜ 源自《经济学人》杂志关于维基百科的评价文章, https://zhuanlan.zhihu.com/p/344459796。

从技术发展路径上讲，从由专家编写、专家审核的 Nupedia 转向社群中每个人都可以参与编写的维基百科，几乎是一种必然。推动互联网发展的人们相信嘈杂又充满活力的集市模式。在引领开源软件运动的观念之作《大教堂与集市》中，埃里克·雷蒙德（Eric Raymond）讲述了两种软件开发模型：一种是"自上而下"的大教堂模型，体系严谨规范；另一种是"自下而上"的集市模型，嘈杂又充满活力。维基百科所采用的正是集市模型，每个人都可以参与编辑、贡献想法。

维基百科现在是互联网上最大的信息服务平台之一，内容规模和用户规模堪与谷歌、Facebook 等巨头比肩。但或许你已经知道，它的背后没有一家科技巨头式的大型公司。它和硅谷的技术、精神有着千丝万缕的联系，但和硅谷的公司没有任何相似之处。在它的背后是一家非营利的基金会"维基媒体基金会"，基金会靠在网站上呼吁捐款维持软件开发与服务器运转。

它的成功，源自无数愿意参与编辑的人，如《经济学人》杂志在维基百科 20 周年时评述的：（它的成功源自）20 世纪末互联网特有的技术乐观主义。它认为普通人可以把电脑当作解放、教育和启迪的工具。

它的成功，在于无数人努力把自己的知识分享给了所有人，比如，它上面几乎所有的内容都是采用"知识共享"（creative

commons）协议，任何人都可以自由且免费地使用。

它的成功，也源于数以百万计的社群参与者遵循着名为"五大支柱"的基本原则。社群中的众人一起细化出编辑方针与指引，用它们来引导所有人的行为，参见知识块"维基百科基本准则：五大支柱"。维基百科的"关于我们"的页面写道："每个人只需要符合维基百科的编辑方针，都能够自由添加信息、参考资料或者注释。不需要担心不小心破坏维基百科的架构，社群成员们会适时地提出建议或者修复错误。"

［知识块］ 维基百科基本准则：五大支柱

维基百科是一部百科全书

我们这部百科全书结合了许多通用的专门百科全书以及年鉴、方志的元素。所有文章与编辑必须遵循非原创研究且力求准确的原则。维基百科不是一个发表个人意见、经验或讨论的地方。同时，维基百科亦不是未经整理、杂乱无章资讯的存放处。

维基百科采用中立观点

这意味着我们必须按照中立、准确的立场来撰写条目。为了达到这个目的，我们需要在条目中准确地表达和解释各方的观点，并以平等的态度对待各个观点——不可将其中一些观点演绎为"真理"或"最佳观点"。因此，我们也应尽量引用可供查证、权威性的资料，以使条目内容（尤其是有争议的话题）的中立性和可靠性达到一定程度。

维基百科内容开放版权

维基百科依据知识共享署名–相同方式共享 3.0 协议（部分内容使用 GNU 自由文档许可证）开放版权，所有人均可自由地发布、链接和编辑维基百科的内容。基于这个原则，你所贡献的所有内容均会开放给社群内所有用户编辑和发布。

维基人以礼相待、相互尊重

维基人是讲求文明的——就算你不同意其他维基人的观点，仍请尊重他们，避免人身攻击或以无差别的概括言论攻击其他维基人。在进行讨论时，请以达成共识为重，并以保持开放、友好和包容的心态参与讨论。在讨论白热化时，请保持冷静，避免编辑战或违反"回退不过三"原则。请不要为阐释观点而扰乱维基百科，并请假定其他维基人是善意的。

维基百科不墨守成规

维基百科制定有方针与指引，但并非板上钉钉不可更改，

其内容和解释可以逐渐发展完善。方针与指引所蕴含的
原则和精神比字面措辞更为重要，并且有时为了改善维
基百科允许例外的出现。请你大胆但不要轻率地去编辑、
移动或修改条目，也不要苦恼无意所犯的过失，因为页
面的每次更改都会被保存，所以所有错误都能被轻易
改正。

资料来源：https://zh.wikipedia.org/wiki/Wikipedia，在不改
变原意的情况下略有删节。

维基元宇宙的背后：大规模协作构建全球知识体

我们的论点是，维基百科是事实性知识的元宇宙。更重要的是，它
由数千万人在过去 20 多年中大规模协同建成，这可能是未来一个
个元宇宙建成的主要方式。因此接下来，我们来看看，我们可以从
维基百科学到的关于法律实体、社群组织、协作方面的经验。

在讨论这些经验之前，我们来比较一下谷歌与维基，我认为，我们
要建立的一个个元宇宙网络可能会更多地采取维基之路。

谷歌路径 vs. 维基路径

建设一个知识的元宇宙，或者按我之前在《付费：互联网知识经济
的兴起》中提及的"全球知识体"，我认为可能有两种路径：谷歌

路径与维基路径。

谷歌公司的愿景是"组织全世界的信息"。它组织了全世界的网站信息，它组织了全世界的地图信息、街景信息，它组织了全世界的图书信息，它组织了全世界的学术论文信息。

维基百科靠捐助维护着世界上最大的知识库。同时，用户们不要工资，主动地在上面编辑条目。维基百科，是共享的极致，人们共同创造一个全新的人类知识库。

谷歌和维基百科提供给我们的，不是单条的搜索，不是单个维基词条，而是一个整体，是一个"全球知识体"。它们二者持续迭代、快速修正、不断生长。它们都为我们提供最优质的信息，让信息唾手可得。

它们的主要区别不是营利与非营利，虽然这的确是明显的差异。谷歌选择通过广告获利，因为它认为商业也可以是美好的。维基百科选择非营利的方式，它相信非营利更容易构建它所设想的全球知识库。

它们的主要区别在于构建方式。

谷歌，依赖于机器智能。谷歌主要依赖于算法和机器，搜索引擎爬虫去获取全世界的网站，用算法将信息和我们的关键词相匹配。

维基百科，依赖于群体智能。维基百科依赖于人类的大规模社会化协同，众人在一个词条上反复修改，众人在所有词条上反复修改，最终形成世界上最大的关于事实性信息的知识库。

谷歌所采用的是用算法与机器进行协作。维基百科，是用互联网的自组织社群来取代层级式的组织，它实现了大规模协作。

凯文·凯利曾把共享分为四个层次，如图 3-1 所示：第一层是分享（sharing）；第二层是合作（cooperation）；第三层是协作（collaboration）；第四层是集体主义（collectivism）。维基百科已经处在"协作"这个第三层次，甚至可以说已经接近于集体主义。

维基元宇宙的独特经验：基金会与社群化

过去，当我们借鉴维基百科的经验时，我们都试图将它的经验用到"公司"语境中去。时过境迁，数字世界的建设到了元宇宙阶段，我们发现它的一些独特经验可能成为未来普遍性的做法。

当我们想要构建一个个元宇宙时，维基的理念值得我们仔细思考，我用一句话总结："免费提供给所有人，让所有人可以参与其中。"这需要构建与现代商业社会中典型的公司不一样的法律实体与组织架构。

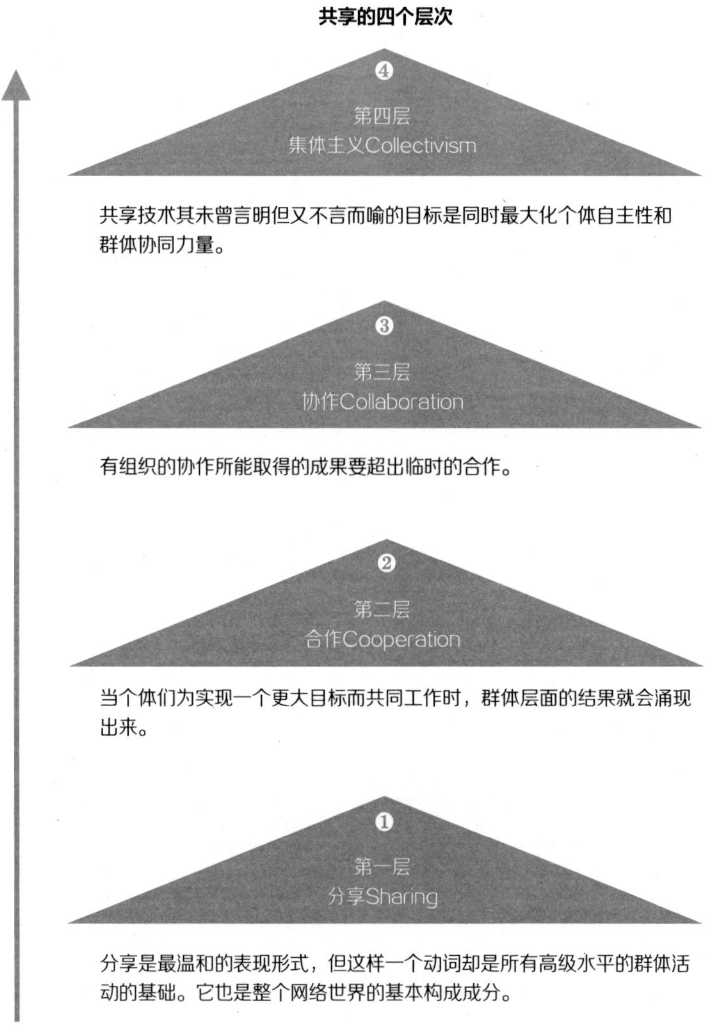

共享的四个层次

❹
第四层
集体主义Collectivism

共享技术其未曾言明但又不言而喻的目标是同时最大化个体自主性和群体协同力量。

❸
第三层
协作Collaboration

有组织的协作所能取得的成果要超出临时的合作。

❷
第二层
合作Cooperation

当个体们为实现一个更大目标而共同工作时，群体层面的结果就会涌现出来。

❶
第一层
分享Sharing

分享是最温和的表现形式，但这样一个动词却是所有高级水平的群体活动的基础。它也是整个网络世界的基本构成成分。

图 3-1 凯文·凯利总结的共享的四个层次

资料来源：凯文·凯利 2009 年刊登于《连线》杂志的文章及 2016 年出版的图书 *The Inevitable*（中文版为《必然》）。

维基百科的运作实体不是一家属于创始人与股东，目标是做大做强、获取超额盈利的公司，而是一家非营利的基金会。它靠众人的小额捐助支持软件开发与服务器等基础设施的运转。

现在，众多开源软件都是用基金会机制来运作的。Linux 操作系统背后是 Linux 基金会，华为的鸿蒙操作系统源代码捐献给了开放原子开源基金会。在区块链领域中，如以太坊等公链的机制略有不同，它的平台系统与社群带有所谓的"内部资本"（internal capital），但在法律实体结构上现在管理它的也是一家注册于瑞士的基金会。我们在第六章会专门讨论以太坊案例。

维基百科采用基金会这个结构使得它不是属于某些人，而是属于所有人。

这个结构使得维基百科基金会的专职团队只做最必要的基础设施建设，而把其他任务留给所有参与者。在相当长的时间里，基金会只有几个人，现在的人数在 300 人以内，仅为同等规模网络公司的百分之一。

这个结构使得维基百科采用在软件代码支持下的社群化的组织方式。在我看来，维基百科的社群化组织方式有三个特点。

第一，众人通过 Wiki 这一网络协同编辑工具共同编辑内容。没有相应的技术做支撑，大规模协同是不可能产生成果的。

第二，众人共同形成社区的基本准则（即"五大支柱"），共同形成编辑方针与指引。这是一个按原则运行的社群。

第三，在长期的发展过程中，逐渐地形成了处理分歧与争议的机制。

具体而言，它的争议解决机制是基于 Wiki 软件与一系列原则、操作流程运行的。其中一个主要的操作流程是所谓的"大胆、回退和讨论"编辑循环（bold，revert，discuss cycle），大胆地编辑，有问题先回退，再讨论及做出定论。另外，它设有仲裁委员会（Arbitration Committee）作为最后的争议解决手段。仲裁委员会还对严重行为不端的用户有包括警告、禁止编辑、禁止参与主题讨论、禁止浏览维基百科等在内的处罚机制。

如果用现在时髦的词语来说，维基百科是按所谓分布式自治组织（decentralized autonomous organization，DAO）的方式来运作的，基于相应的技术工具，按原则运行，有有效的分歧与争议处理机制。在第八章，我们会专门讨论 DAO。

社区组织的三个经验

维基百科是自组织的大规模协作社区，在社区组织上，它有这样三个经验值得重点关注。

第一，有大量志愿者从事专业化分工的工作。维基百科并不是放任自流的社区，它有大量专业、热情的志愿者在管理网页、寻找图片、协调矛盾等。志愿者取代了层级式组织和员工。

第二，靠社区来保证内容的高质量，靠快速迭代来提高质量。前面提到，《自然》杂志指出错误后，维基百科可以快速改正内容。

第三，让社区像一个公园，小心谨慎地处理惩罚。维基百科也有用户"捣蛋"的情况，不过创始人威尔士尽量小心谨慎地处理惩罚，他试图在热情和规则之间平衡。他说："我们将制定严厉的措施来进行网络监督。"但他又说，做法是："我们把它经营并且整理得像个公园，这样人们不会感觉到他们住在贫民窟，可以随意地向窗户扔石头。"

大规模协作的三个经验

维基百科的关键经验是大规模协作。数字经济之父、近年来著有《区块链革命》的唐·塔普斯科特⊖曾经在《维基经济学》中强调：在大规模协作中，要竭力降低协作成本。他认为，满足如下三个条件，大规模协作将运行得最好：第一，生产的目标如果是信息或文化，则可以使贡献者的参与成本最低。第二，任务可以分解成小块，这样单个生产者能够以小的增量进行贡献，并且独立于其他生产者，这使得他们投入的时间和精力比他们得到的利益回报要少得多。第三，将这些模块整合成一个成品的成本，领导能力和质量控制机制的成本必须要低。

⊖ 《区块链革命》中文版中将作者名字翻译为唐塔普斯科特。

在这里，我们从另一个同样伟大的大规模协作项目——开源的 Linux 操作系统再借鉴一些具体经验。政治经济学家、加州大学伯克利分校教授史蒂文·韦伯在《开源的成功之路》中把开源的成功指向了两个方向：代码开源所指的新的财产权形式；人们协作起来完成如此复杂产品的协调机制。

从操作方法出发，我将 Linux 的大规模协作经验总结为三个。

第一，雄心要大，落点要小。

这个改变世界的操作系统，它的起源不过是芬兰大学生林纳斯·托瓦兹（Linus Torvalds）写着玩的、用来练习的操作系统而已。他的自传标题更是清晰表明了他的轻松心态："只是为了好玩"（Just for Fun）。

第二，先用起来，再寻求改进。

众多的新的知识体，都不是完美的。如果是针对传统的产品，我们大概要试图追求完美。但是，在开源社区这样的知识体里面，有一个关键性的原则："先用起来，再寻求改进。"

这条原则产生于 Linux 的早期，当时为了让 Linux 能更好地处理互联网 TCP/IP 协议，两种观点产生了激烈的冲撞：一种是"先用起来，再寻求改进"，另一种是"为了实现完美宏大的设想，就必须抛弃过去，从头编写代码"。

"先用起来，再寻求改进"，最终成为开源社区的基石性原则。我们可以看到，谷歌、维基百科实际上也在应用着这样的方法论。奇妙的是，用户使用得越多，改进就越快，这进一步证明这个原则的价值。

第三，降低协作的成本。

要构建伟大的知识体，还有一个关键，就是要想尽办法降低协作的成本。很多程序员都知道，2005 年，林纳斯创造了另一个伟大的技术工具"Git"，一个全新代码管理和部署工具，让全世界的代码开源协作变得更加容易，如名字所暗示的，极受欢迎的 GitHub 开源代码托管社区是围绕这个技术工具建立的。林纳斯创造 Git 是为了更好地协调 Linux 内核代码的开发，降低协作的成本。

人们或许会认为，以 Linux 为代表的开源软件和以维基百科为代表的开源信息网络并不是当今互联网的主流，互联网的主流是那些科技巨头公司如谷歌、Facebook、腾讯、阿里巴巴等。这个看法没错，但又不全对。开源软件、开源信息在互联网中所占的份额很高，它们中的优秀项目的生命周期很长，更重要的是它们对未来的影响可能更大。

在探索未来元宇宙的构建时，我们会一再看到，众人在基本结构上参考的是它们，而不是那些已经存在的科技巨头。这正是为什么我们深入讨论的第一个案例是维基百科这个事实性知识之城。在我看来，它就是未来元宇宙的模样，它背后的大规模协作是元宇宙的第一块基石。

[知识块] 开源代码开发中的工作本质

（1）使工作变得有趣并确保其完成。

（2）切中要害，即解决实际面临的问题。

（3）将重复发明车轮的次数降到最低。

（4）在可能的时候，通过相同的工作程序解决问题。

（5）规模优势法则，即眼球足够多的话所有的 bug 将无处可藏。

（6）工作文档化。

（7）尽早发布，快速更新。

（8）侃侃而谈，即开源社区中大量地讨论。

> 注：由史蒂文·韦伯在《开源的成功之路》中总结。他借鉴了埃里克·雷蒙德《大教堂与市集》一书的分析，在此我也再次推荐你阅读雷蒙德这本书中约 2.5 万字的同题长文。

[专栏] 人们为何和如何大规模协作

在理解维基百科、开源软件和网络上的很多内容创造物时，人们总会问起两个问题。

> **》** 个人动机问题：这些人为何参与编辑或编程？

> **》** 集体行动问题：这些分散的行动如何聚集成伟大的成果？

个人动机问题的解答：认知盈余

在看不到直接收益（如工资）的情况下，这些人为何勤奋地工作？对此有多种可能的解释。

> **》** 在网上发表内容，可以获得即时的反馈。发图片得到点赞的人都了解这种快乐。

> **》** 人们乐于为自己的喜好努力，或献身于伟大的事业，而不求回报，"我就是喜欢"。

> **》** 人类天性里有着利他精神，乐于分享，而不是时刻都考虑着经济学的理性利己。

> **》** 所谓的"免费 + 付费"（freemium）模式，即很多行为最终逻辑还是经济理性，比如有些网红发表免费内容是为了获取关注，最终商业变现。

这些解读各有其道理。在过去 20 年中，我最喜欢的解读是所谓的"认知盈余"——我们大量的空闲时间，对于现代人与知识工作者来说就是认知盈余，是新的全球性资源。它会外溢，形成伟大的事物。知名互联网研究者克莱·舍基在 2010 年出版同名著作《认知盈余》，并因马化腾的推荐而风靡一时。

我很喜欢舍基用时间做的测算以及与电视的对比："美国人一年花在看电视上的时间大约是 2000 亿小时。这几乎是 2000 个维基百科项目每年所需要的时间。"当这些时间转移到互联网上去之后，当然大部分还是会变成"杀时间"的消费，但只要有一部分转为生产与创造，就会创造让我们惊奇的事物。他认为，哪怕在互联网上愚蠢地创造和分享举措如汇集整理数千张搞笑照片，也比变成"沙发土豆"被动地看电视要好。他向来乐观鼓吹互联网上任何形式的创造与集体行动。

借着"认知盈余"的观念之光，我们惊喜地看到，舍基帮我们找到一个庞大无比的资源，我们一起感慨时代的美好：

> "这是一个不平凡的时代，因为我们现在可以把自由时间
> 当作一种普遍的社会资产，用于大型的共同创造的项目，
> 而不是一组仅供个人消磨的一连串时间。"

对个人来说，这具有极大的意义。在互联网上，我们能够找到一群人一起做自己喜欢的事情，并能够看到众人的共同成果随着时

间的累积变得越来越大。就我的体会而言，在知识问答社区知乎、在兴趣视频网站 B 站、在代码分享平台 GitHub，甚至在专业内容的微信群，我们无时无刻不在感受他人从这样的认知盈余分享中获得的意义感。当我们参与分享时，我们也能亲身体验到。

至于我们的碎片贡献是不是为整体添砖加瓦了，自己的众多碎片能否组成让自己满意的大成果，那是下一个问题：这些看似杂乱的行动能联合起来创造伟大的事物吗？

集体行动问题的解答：一对组合

集体行动问题就难得多：这些分散的行动如何聚集成伟大的成果？人们是如何协作的？

我们难免会想，乌合之众能够成什么事？我们大部分人默认接受的协作方式来自现代管理，我们也在商业公司中普遍使用着：专业、热情、经验丰富的创始人与管理团队精心规划与管理，组织的形式通常是权力集中、等级分明、分工明确，管理者领导公司员工为世界创造优秀的产品与服务。

用我们提到过的开源社区喜欢的大教堂与集市的类比来说，嵌入我们意识中的是大教堂模式。虽然我喜欢集市模式，但必须得承认，它只是说明了现象，但并未给出答案。我们仅仅采用集市模式就够了吗？多数时候，当我们放任时，我们看到的不是繁盛的集市，而更多是混乱。

很多人包括我都放弃了接着深挖去寻找答案：交由社区去解决就好了。但《开源的成功之路》作者史蒂文·韦伯的一个说法击中了我，也就是所谓的"田园式社区"，"志趣相投的朋友们大多数时候意见一致，比较容易达成共识"。

是啊，我们见到的社群多数是田园式的。但是，诸如维基百科、Linux 这样的社群却是紧张的、冲突不断的，正如我们曾经待过的高效的公司或机构一样。题外话一句，它们的紧张与冲突各有独特但很难借鉴的解决方案：维基百科是放任冲突，最终依靠"大胆、回退和讨论"编辑循环解决问题；在 Linux 社区，如果作为核心参与者提交质量差的代码，小心听到林纳斯的近乎咆哮式的谩骂。

再做一些检索与思考，对集体行动问题我暂时的答案是一对组合。首先我承认，不是所有事情都可以交给神奇的社区，对有些任务，传统的自上而下的管理结构更高效。在这个认识的基础上，我找到一个关于结构的答案与一个关于个人的答案。

关于结构的答案是，网络的结构应当是"愚蠢的中心"+"聪明的终端"。这是从史蒂文·韦伯引述的"愚蠢的网络"中改造出来的说法，这是建立互联网及其前身阿帕网的一个基本工程原则，愚蠢的网络的极致就是没有中心。传统的网络不是这样的：电网的中心是强大的，电网的用户是沉默的。信用卡网络的中心是聪明的，用户是沉默的。电信网络的中心是聪明的，你的电话是愚蠢的（当然，现在能上网的智能手机是聪明的）。互联网是反过来的：Wiki软件程序是愚蠢的，编写百科条目的人是聪明的。微信服务器是愚蠢的，聊天的人是聪明的。

但你不要误解，愚蠢的中心、聪明的终端并不是网络让每个人觉得自己是聪明的，是个其乐融融、你好我好的乐园。正相反，这样的网络是一个所谓的丛林世界：杰出的事物快速成功，普通的、糟糕的或由好变坏了的事物迅速消失。它甚至有着极强的由网络特性导致的极度马太效应，它遵循网络科学家巴拉巴西说的幂律（Power Laws）分布，简单说就是呈现指数级下降的分布趋势。在这样的网络中胜出是困难的，而反映到其中人的行为上，需要的是林纳斯的名言："莫要空谈，给我代码"（talk is cheap, show me code）。竞争是极度激烈的，由最终结果也就是代码决定。

关于个人的答案，即一个人在一个网络中如何行动，我认为答案在管理学者彼得·德鲁克的《知识工作者的自我管理》与《卓有成效的管理者》的方法中。

在一个网络中，你首先要能够自己做出贡献，我们可以求助的是彼得·德鲁克关于知识工作者自我管理的解答。他让我们自问的问题有如下几组，括号中为我所加。我想，曾经在一个网络社区中业余贡献或全职工作的人都会想过其中一些问题。

> 我是谁？我的长处何在？我做事的方式为何？

> 我归属何处？

> 我的贡献是什么？（也可以问"我的任务是什么"，但问贡献要好得多。）

> 如何对关系负责？（关注与他人的合作关系，负起沟通的责任。）

> 如何管理自己的下半生？（你不会在一个公司工作到退休，你要自己设计自己的路。）

在一个网络社区中，可能前一刻你是个人贡献者，下一刻你成为一个临时团队的负责人，甚至承担重大的管理责任（但大部分团队成员不是你可以管理与命令的）。这时，我们可以求助的是德鲁克《卓有成效的管理者》中说的方法。他讲的例子并不都是典型的公司CEO，而是包括了医生、将军、社会组织领导者等各种管理者。管理，是将自己与他人、资金、物质知识资源转化为成果，德鲁克在这本名著以及其他管理著作中讲了很多，我认为最重要的正是这本书的书名所阐述的目标：做到卓有成效，即将人、财、物三种资源高效地转化为成果。

很多人还是会好奇：为什么在寻找关于个人的解答时，你会选择去借鉴一个管理学者的做法？管理，这个词给人的感觉和网络、社区格格不入。德鲁克和其他管理学者的不同在于看待自己和他人的方式，他把所有人都看成是高度自主的、卓有成效的个人。如果我们回到创建整个数字世界的源头——最初参与其中的大学或企业研究院里的教授与研究生们、之后自愿参与开源软件的程序员与黑客们，他们都是高度自主的个人。在未来的元宇宙中，我们每个人都是高度自主的。

元宇宙第二块基石

三维立体

约翰·里德
《城市》作者

城市是人类文明的典型产物，在这里
展现着人类所有的成就和失败。

简·雅各布斯
城市规划师、《美国大城市的死与生》作者

单调、缺乏活力的城市只能是孕育自我毁灭的种
子，充满活力、多样化和用途集中的城市孕育的
则是自我再生的种子。

04 第四章

如何建设好的元宇宙：Decentraland 虚拟之城

- ❯ Decentraland，一个 3D 的虚拟世界
- ❯ Decentraland 缺少的是人的活动
- ❯ 如何建设好的元宇宙
- ❯ [专栏] 如何建设一座充满多样性的活力之城

2020 年 4 月，在巨大的舞台上，说唱歌手特拉维斯·斯科特（Travis Scott）隆重登场。他的这一场音乐会有多达 1230 万观众"在场"，特拉维斯化身"巨人"（看起来有几十个人那么高），在舞台上随音乐起舞，观众可以挤到他身旁一起摇摆。很显然，地球上没有一个可以容纳上千万观众的演唱会场地，这是在网络游戏《堡垒之夜》(Fortnite) 中举办的数字演唱会。

在有史以来最多人同时在线参与的这场名为 Astronomical 的演唱会中，每个人既是在场的（以自己在游戏里的形象出现在演唱会现场），又未曾离开自己的日常生活环境（你就在自己的电脑前）。这一发生在游戏类数字世界中的规模惊人、影响力巨大的活动，被视为元宇宙崛起的标志事件之一，被人们反复提及。需要补充说明的是，特拉维斯·斯科特于 2021 年 11 月初举行的线下演唱会发生严重的歌迷踩踏事故，他名声尽毁，账号也被游戏公司从《堡垒之夜》中删除。

对我和周围的很多朋友来说，除了《堡垒之夜》，名为 Decentraland 的虚拟世界是让我们兴奋的另一个元宇宙，正如多年前我们因为游戏《第二人生》而兴奋一样。打开 Decentraland，我们会进入一个三维立体的新世界——和我们的城市一样的立体世界，我们可以在里面奔跑。严格地说，它是一个真实世界缩微模型，但我们并不在乎这一点。任何最初的原型技术产品都是粗糙的，我们可以用想象力来弥补不足。

在 Decentraland 里，我们看到许多熟悉的名字：苏富比拍卖行、雅达利（Atari）游戏公司、网络教育机构可汗学院等。当有人想要参观一下"元宇宙"时（听说元宇宙很火，它长什么样？），我往往会带他去这个虚拟世界，告诉他这是众多元宇宙中的一个。

《堡垒之夜》、Decentraland 这两个典型的元宇宙场景都有着惟妙惟肖的三维立体数字世界，极大地激发了我们对未来的憧憬——能直观地看到，不需要任何文字描述。是的，我们想象着这样的未来：我们可以建立一个三维立体的数字世界，用户不再以昵称或头像的方式参与其中，用户也是三维立体的。我们作为用户，不只是可以在屏幕上看到三维的建筑，我们还可以"走进去"。

但我深知，它更接近于塑造快乐体验的迪士尼乐园或者是展示未来科技的世博会展馆，你可能愿意进来参观，感受欢乐与惊奇，但无法在其中生活。现在的它更像是未来元宇宙的城市规划建筑模型，你是无法住进模型里面去的。

我又一次在 Decentraland 里四处参观时，走进了一家公司大楼的大厅，这次去的大楼精心制作了真实办公楼里的几乎所有类型的房间，甚至有一个"设施齐全"的卫生间。休息区有漂亮的沙发，我很想坐一坐，但我做不到。在这个三维立体世界里，你可以鼓掌、挥手、跳舞，但你没有办法完成"坐下来"这个动作。我在网上也听到其他人的呼声："让我们可以坐下来！"

Decentraland，一个 3D 的虚拟世界

现在看似绚丽的 Decentraland 有着不起眼的开端。2015 年，两位创始人阿里·梅里奇（Ari Meilich）与埃斯特班·奥尔达诺（Esteban Ordano）想做的不过是一个像素版的网格地图，他们把其中的一个个像素格子分发给参与者，让大家一起成为这个虚拟世界的"地主"。后来，它演变成了我们现在看到的 3D 版虚拟世界，并最终于 2020 年 2 月正式上线。走入其中的实际感觉和它的建设方式，让它像一个虚拟城市。

虽然呈现形式上有所变化，但这个虚拟城市的土地整体规划也就是地图变化不大（见图 4-1）。地图是一个 300×300 的正方形，一共有 9 万块土地。中心是所谓的创世广场，四周的 8 个区以广场为中心，如苏荷广场、亚洲广场、游戏广场、中世纪广场等。广场、道路和一些主题区（如大学区、时尚街区、博物馆区等）是公共的，而其他虚拟土地则被直接销售或拍卖，成为私人财产。可售的土地在 2017 年 12 月、2018 年 12 月的两次拍卖中卖出，所获资金用于技术研发。

Decentraland 虚拟世界的入口是游客广场，我们一跃而下，来到
创世广场（Genesis Plaza）的接待中心。吧台的服务员忙着制作饮
料，标志性的"站立大狗"在我们身边晃来晃去，墙上点缀的是中
本聪的画像。

苏富比拍卖行在 Decentraland 重建了其标志性的伦敦画廊大楼，坐标为（56，83）。我这次到访时，它正在为街头艺术家班加西布展，为即将在这一数字大楼中举行拍卖会做准备。我们还可以参观博物馆区，那里有众多博物馆与艺术画廊，坐标为（17，35）。我还经常去文艺气息浓厚的一个苏荷区游览，坐标为（61，61），随意跳上跑车欣赏街景。

名为"加密谷"（Crypto Valley）的科技园区是我每次带朋友游览的
必到景点，坐标为（52，20）。Decentraland 基金会在此建有自己
的大楼和会议中心。国盛证券在园区中有区块链研究院大楼。我们
先到访雅达利游戏公司的展厅，然后到《阿蟹游戏》（Axie Infinity）
的地盘去和可爱的阿蟹宠物玩耍。

在 Decentraland 中有一个名为"龙城"的中国城,是中国人进入这个虚拟世界的必到之地,坐标(97,-89)。我们可以参观书法展览,去龙门客栈闲坐,去梨园行听戏。这里的中国城有一股混搭风,它的中心区有各种元宇宙建筑建设机构、技术研究组织充满科技感的广告牌。

 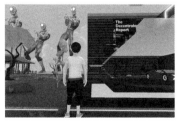

在这个元宇宙中，还有很多让我们感觉自己置身于"他处"的场景。我们可以进入模拟的月球——一个名为阿波罗的场馆，我们也可以去水族馆主题的俱乐部。我个人则更喜欢那些在实体城市中可能会到的地方：科幻艺术博物馆、背景是蜘蛛侠的会议中心。

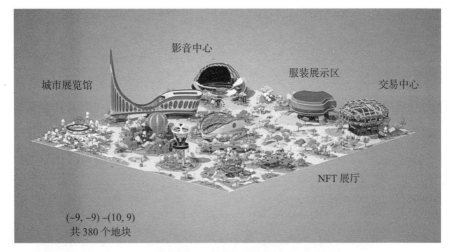

城市展览馆　影音中心　服装展示区　交易中心

NFT 展厅

(–9, –9) –(10, 9)
共 380 个地块

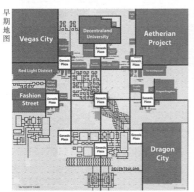

早期地图

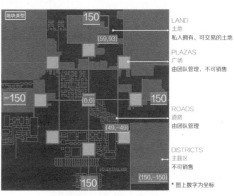

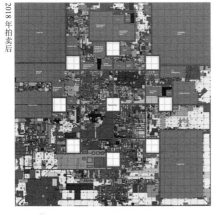

2018年拍卖后

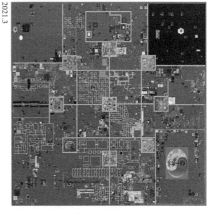

2021.3

图 4-1　Decentraland 的创世广场与虚拟世界的地图演变

前期，Decentraland 团队把重点放在了土地规划与发展上。2019 年，为了优化整体城市规划，它取消了部分原本作为公共土地的主题区，而将这些土地售卖。它与多个合作方共建了数字原生的科技园区——加密谷。它几次重建、装修创世广场，增加功能建筑，使之更美观，给游客更好的体验。

为了让数字世界中的交易在内部能够更方便地独立运行，Decentraland 推出了自己的内部数字货币（名为 MANA，相当于游戏币），当用户交易土地或个人服装、装备时，他们用 MANA 作为交易媒介。

现在，它是由一个非营利的基金会——Decentraland基金会——来建设与管理的。这个虚拟世界的参与者可以通过分布式自治组织（DAO）的形式进行投票，参与重大决策和管理。按当前的 DAO 惯例，投票权是与持有的内部数字货币数量相关的。

Decentraland 团队构建了这个虚拟世界的一系列技术基础设施与工具。它编写的 3D 引擎可以在普通电脑浏览器中渲染出这个虚拟世界。它提供了在 3D 世界中构建建筑、个人服装装备的编程接口，也为普通用户提供了可视化的编辑界面。另外，它还提供了一个可以进行土地和个人装备交易的网页版市场。

为了让虚拟城市的人气旺起来，Decentraland 主办了不少活动。2021 年 10 月，它举办了为期四天的元宇宙音乐节（Metaverse Festival）。每次走近创世广场的总接待台时，我们都可以在吧台上方看到各种活动的海报，很像在剧院售票处看到的情景。

通常人们认为，Decentraland 这个虚拟世界的第一个可能的用途是品牌展示。各种公司与机构在其中购买土地修建大楼，在自己大楼内组织活动。它也吸引了很多艺术家和艺术机构加入，其中一个主要的艺术形态是所谓 NFT 数字艺术，现在其中已有相当多的 NFT 画廊。

总结起来，Decentraland 的目标是构建一个虚拟世界，但现在更多地被看作一个 3D 的展示空间。它自己完成了四个方面的工作：

（1）土地整体规划。

（2）经济体系。

（3）技术平台。

（4）组织大型活动。

它把另外两个重要任务交给了参与者：

（1）地块上的建筑设施建设由土地所有者承担。

（2）治理由社区成员组成的 DAO 承担。

Decentraland 的技术架构与产品如图 4-2 所示。它是架设在以太坊区块链上的，所有权管理机制与身份管理机制都依托于以太坊

图 4-2 Decentraland 的技术架构与产品

区块链。它的数据则存储在分布式的星际文件系统（IPFS）之上，确保无人能在未经社区认可的情况下篡改数据。

[知识块] 用"方块"构建的 3D 世界

Decentraland 尽量用视觉上逼真的方式来构建 3D 世界，而其他的一些 3D 虚拟世界（如 Cryptovoxels、The Sandbox）与游戏（如《我的世界》）则选择了用"方块"来构建 3D 世界。它们的场景不如 Decentraland 绚丽，但更容易在电脑上渲染与显示，也更具有可玩性。

这些方块叫 Voxel（体素，volume pixel 的简写），体素相当于像素的三维版本，如图 4-3 所示。用二维的情形类比来说，Decentraland 是照片，用体素的相当于像素画。

用体素来建立 3D 模型的缺点是不够美观，优点是在当前的电脑或手机设备上、在较低的网速下都很流畅。因此，开发者可以把重点放在功能、社交、游戏上，而不是与性能较劲。用体素来构建 3D 世界还有一个好处是，每一个物体都可以被拆至最小的方块，赋予它们参数与属性，利用编程进行控制。

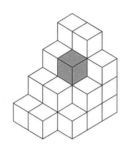 

图 4-3　左为 Voxel（体素）概念示例，右为体素组成
的 SpaceX 航天公司的元宇宙基地

Decentraland 缺少的是人的活动

作为一个典型的元宇宙原型，Decentraland 在不少方面做得很
好，比如它的三维模型、经济体系，以及吸引人们建设的各种现实
中的建筑物（博物馆、画廊、公司大楼、游乐场等），但它也缺少
相当多的东西。

在我看来，它的虚拟世界里虽然经常有各种各样的事件活动
（event），但是几乎没有人的个人活动（activity）。这和我们在现
实城市中的体验或社交网络这样的虚拟环境中的体会是相反的。在
一个现实世界的城市中，我们去办公室上班，去餐厅吃饭，我们每
天在进行着各种各样的个人活动。城市里举办的大型会议、展览只
是生活的点缀。在社交网络里，比如在微博里，我们写微博、看微

博、点赞，这是我们的个人活动，也是主要活动，而官方主办的事件活动同样只是点缀。

如果要在《堡垒之夜》和 Decentraland 中二选一，选出未来元宇宙的原型，我会选《堡垒之夜》。但请注意，我并不是将上千万人同时参加的演唱会作为未来的原型，而是可以在其中玩乐的游戏世界。

《堡垒之夜》等游戏世界有的，正是 Decentraland 缺少的。游戏是围绕玩家设计的，而迄今为止 Decentraland 做的是先建城市，还没有余力去考虑人。对比而言，游戏虽然非常重视故事、视觉、音效，但游戏的主要设计目标之一是让玩家在其中有事可做。在游戏中，系统会塞给你一个个任务，你通常受到不断晋级的诱惑；你会忙着与机器角色（NPC）对战，或者与网络上其他的人对战；你还可能要响应自己所属的由众多玩家组成的家族的要求，去参与战斗。

类似地，游戏《罗布乐思》（Roblox）虽然没有接近现实世界的逼真场景，但用户们乐于以游戏化身穿梭于三维空间中，完成游戏中的挑战，如图 4-4 所示。

刚开始关注元宇宙时，我们会被绚丽逼真的三维立体场景所吸引。但很快，我们意识到，更能接近真实世界的数字世界形态可能是游戏。网络游戏至少提供了三种功能来促进人的活动：

图 4-4　Roblox 的场景与游戏化身

资料来源：Roblox IPO 招股书。

> ⟩ 目标。在游戏中，你是有目标的。为你设定目标，这是多数游戏做的。你也可以自设目标，比如在《我的世界》和 Decentraland 中你可以自己搭建建筑。

> ⟩ 任务。你有一些事情要做。类似地，这些任务可以是系统设定的，也可以是你自己为自己设定的。但是，如果设定是让人无所事事地游荡，这无法带来一个好的数字世界。

> ⟩ 社交。没有人是一个孤岛，也没人愿意做一个孤岛。身处一个群体之中，是人的需求；得到他人的认可（游戏中战胜对手也是一种认可），觉得自己对别人有用，也是人的需求。网络游戏特别是手机上的游戏，越来越强调玩家之间的社交关系和真实互动。

社交网络其实就是一个界面没那么炫的"游戏"，这个"游戏"是跟我们的现实世界紧密连通的，我们的游戏对手是现实生活中的朋友。

那么，Decentraland 在目前较好的基础上，如何进行迭代、与用户共同建设一个好的未来元宇宙？

如何建设好的元宇宙

Decentraland 更像是在数字世界里建设一个新城市。在数字世界造一座城，其实与在物理世界中造一座城颇具相似之处。

Decentraland 到现在为止做的并且做好的两件事，成功地建立了数字城市的雏形：

第一，一座 3D 数字城市的技术基础。人们有了一起建设的可能性，我们有了土地、钢筋与砖头。

第二，一座 3D 城市的土地所有权机制，并相对较好地进行了初步土地分配。如果有较好的激励机制，土地所有者会努力建设自己的地块。

这座城市不是属于创始人、股东等一小群人的。目前来看，它主要属于所有的土地所有者。未来，它也可能进一步扩展到属于每一个城市居民。

Decentraland 的挑战是，虽然初期它吸引了知名品牌与机构入驻，但是，在这个城市里，人们能做什么，这个问题尚没有很好的答案。

建造大楼的人在建成后能做什么？其他人又能做什么？两者之间能否形成良性的互动循环，是这个数字城市能否充满活力的关键。

现在看，Decentraland 像数字世界的一个博览馆建筑群。在建设者部分，它吸引了两方面的人：一是来自实体世界的大机构、大品牌，它们建设自己的第一个数字存在，比如数字品牌展厅、数字总部大楼。二是来自数字世界的原生艺术人士，他们建立自己的数字画廊、举办活动。现在，人们通常把 Decentraland 看成是元宇宙的博览馆，一个展示型的虚拟世界入口。

未来，如果这些人群在 Decentraland 中进一步发展自己的数字存在，从"展示"走向"互动"，再走向"社交"与"使用"，它就有机会演变为整个元宇宙的真正入口。

Decentraland 现在的状态其实像两个城市，一个未建成，一个已建成。未建成的是建筑师柯布西耶设想的"光辉城市"或"辐射城市"。在《光辉城市》中，他写道："12 ~ 15 层高的住宅楼以锯齿状蜿蜒盘旋在城市中。高速公路以 400 米的间距呈网格状分布在楼宇之间，个别地方则穿楼而过。所有的路口都采用立体交叉。高速公路上每隔 100 米设有一个半岛式的停车场，与住宅楼直接相连……办公和商业区域与住宅区相分离，通过高速公路相连。60 层高的办公楼每隔 400 米布置一座，各个方向都与高速公路相连，每座楼可容纳 12 000 个工作岗位……"美国城市规划理论家刘易斯·芒福德批评说，这是"停车场里的建筑"，"高耸的大楼之间的空地成了人们避之不及的荒地"。

已建成的则是曾被视为太空时代未来之城的巴西利亚。巴西政府将首都从拥挤不堪、建筑规划失衡的里约热内卢搬走，建设了巴西利亚。初建成时，它就被联合国授予"人类历史文化保护城"。但是，1960 年落成后，人们进到其中后发现，这座超现代主义的城市少了一个城市最重要的元素：人。这座未来城市不像设想中的"黄金之城"，反而更像钢筋混凝土建造的"水泥森林"。我们不必去巴西参观，只要走进一些地方新建的中央商务区（CBD）或科技城就可以看到缺少人的活动的"水泥森林"，因为晚上八点后这里几乎没有人走动。

一座建筑或城市的活力，是由人的活动赋予的。我们期待，Decentraland 能够逐渐演变为充满活力的未来之城。现在，我不厌其烦地带人去参观，其实既是去看美轮美奂的逼真建筑，又是在努力用想象力去描绘充满人的活力的未来。

[专栏] 如何建设一座充满多样性的活力之城

现在不是我们第一次试图在数字空间建设一座城。互联网上每一个拥有大量用户的产品都像一座城：微信、豆瓣、淘宝、小红书……

从 PC 互联网到移动互联网，我们所建设的数字之城发生了一些变化：过去我们只是以虚拟之身处于网络中，移动互联网让我们的现实之身也能置身其中。

而这一次元宇宙的"造城运动"的新变化是，至少在 Dencentraland 和它的同类里，我们这一次建设的，是真的有建筑物的立体之城。

之前，在探索建设网上城市时，我们就已经意识到数字之城的建设者和城市规划师的共通之处。数字之城的规划师，他们和建筑规划师要解决的问题实际上是一样的：如何规划一个可实际运转、人可生活于其中、有活力的城市？

给我们最大启发的是简·雅各布斯和她的城市规划名著《美国大城市的死与生》。

在雅各布斯之前，城市规划被"想象"主导，建筑规划师往往浪漫地想象城市应该是什么样，如花园城市、辐射城市，然后用这种想象指导城市改造。可以说，雅各布斯独力扭转了城市规划的方向，她让所有人的关注焦点回归到"城市在真实生活中是怎样运转的"。

在信息网络领域，乌托邦般的城市梦想的影响也非常大。而雅各布斯揭示的一类城市规划错误在网络之城中再明显不过：只知道规划城市的外表，或想象如何赋予它一个有序的令人赏心悦目的外部形象，而不知道它现在本身具有的功能……

她的解答的关键词是"多样性"。她整本书的结语是："有一点毫无疑问，那就是，单调、缺乏活力的城市只能是孕育自我毁灭的种子。但是，充满活力、多样化和用途集中的城市孕育的则是自我再生的种子，即使有些问题和需求超出了城市的限度，它们也有足够的力量延续这种再生能力并最终解决那些问题和需求。"

接下来，让我们从《美国大城市的死与生》各主要章节中摘选一些有启发性的精彩观点。[⊖]如果你想了解她的观察方式和得到结论的过程，建议去读这本书。

人行道的特性：安全。"一个成功的城市地区的基本原则是人们在街上身处陌生人之间时必须能感到人身安全，必须不会潜意识感觉受到陌生人的威胁。"

⊖ 资料来源：雅各布斯. 美国大城市的死与生 [M]. 金衡山，译. 南京：译林出版社，2005.

人行道的特性：交往。"如果城市人之间有意义的、有用的和重要的接触都只能限制在适合私下的相识过程中，那么城市就会失去它的效用，变得迟钝。……尽管人行道上的交往表现出无组织、无目的和低层次的一面，但它是一种本钱，城市生活的富有就是从这里开始的。"

人行道的特性：孩子的同化。"对在活跃的和丰富多彩的人行道上玩耍的孩子们来说，在既有男人也有女人的世界里嬉戏和长大的机会是可能的和平常的（在现代生活里，这已经成了一种特权）。我不能理解为什么这样的安排会受到规划和城市区划理论的抵制。"

街区公园的用途。"一般来说，街区公园或公园样的空敞地被认为是给予城市贫困人口的恩惠。让我们把这个说法颠倒一下，把城市的公园视为是一些'贫困的地方'，需要生气与欣赏的恩惠。"

城市街区的用途。"试图在城市街区中追寻成功的标准，如高标准的物质设施，或记忆中怀旧的城镇方式的生活等，都是在白费工夫。……如果我们将街区看作一个日常的自治的机构，那么我们就会抓住问题的实质。我们在城市街区上的失败，究其源头就是在自治的本地化上的失败。我们在街区方面的成功也就是在自治的本地化上的成功。"

主要用途混合之必要性（条件之一）。"一个街区或地区，如果其目标只是朝着单一功能发展，不管这种发展过程算计得如何精确，也不管实现这个功能的各种必要条件准备得如何完备，实际上这个街区或地区并不能提供实现这个功能的必要条件。"

小街段的必要性（条件之二）。"大多数的街段必须要短，也就是说，在街道上能够很容易拐弯。……从本质上讲，长街段阻碍了城市能够提供的进行孵化和试验的优势，因为很多小行业或特色行业依靠从一些经过大街道交叉口的人群中，招引顾客或主顾。"

老建筑的必要性（条件之三）。"如果城市的一个地区只有新建筑，那么在这个地方能够生存下去的企业肯定只是那些能够负担得起昂贵的新建筑成本的企业。"

密度之需要（条件之四）。"人流的密度必须要达到足够高的程度，不管这些人是以什么目的来到这里，其中包括本地居民。"

元宇宙第三块基石

游戏化

05 第五章 〉

不只是游戏，还是经济实验：可爱的阿蟹

詹姆斯·卡斯
哲学家、《有限与无限的游戏》作者

世上至少有两种游戏。一种可称为有限游戏，另一种称为无限游戏。有限游戏以取胜为目的，而无限游戏以延续游戏为目的。

简·麦戈尼格尔
游戏化研究者、《游戏改变世界》作者

我们务必要克服对游戏的长期文化偏见，以便让全世界接近一半的人不会与来自游戏的力量隔绝开来。

〉 《阿蟹游戏》，首先是一款游戏

〉 不一样的《阿蟹游戏》经济学

〉 ［专栏］游戏化让现实变得更美好

当年风靡校园的"电子鸡"你养过吗？1996 年，由万代（Bandai）推出的电子宠物玩具电子鸡在全球都成为孩子们最喜欢的玩物。在小小的蛋形玩具上，你可能也曾忙着喂养像素绘成的小鸡，在它生病时给它看病。

20 多年后的 2020 年，在菲律宾马尼拉北部小城甲万那端（Cabanatuan），阿特·阿特（Art Art）这个 22 岁的青年每天去网吧养一种名叫 Axie（昵称"阿蟹"）的可爱宠物。他不只是在"玩耍"，这是他的"工作"。微型纪录片《边玩边赚》里记录，他每天可以获得超过当地平均收入的不错收入。纪录片还显示，在小城中，养游戏宠物阿蟹成为许多人在疫情失业潮下新的谋生之道。

2021 年，《阿蟹游戏》（Axie Infinity）这款由总部在越南河内的 Sky Mavis 公司出品的宠物游戏走出东南亚成为全球热门游戏（此游戏并未在中国发行）。在 2021 年 8 月 6 日最高点时，它当天的收入为 1750 万美元。是的，一天的收入。全球第一款超过百亿美元收入的手游是腾讯出品的《王者荣耀》，而《阿蟹游戏》单日收入在最高点时竟然超过了它。更让人惊奇的是它在 6 ～ 8 月的惊人增长率，其 7 月收入是 6 月的 17 倍。到 2021 年 11 月，《阿蟹游戏》日收入有所下降，但仍为 1000 万美元左右。

我们为了对比《阿蟹游戏》与《王者荣耀》而说"收入"这个词，但这样的说法其实有一点误导。当我们"氪金"（指付钱）买《王者荣耀》的皮肤时，我们付的钱变成了游戏公司的收入。而在《阿蟹游戏》中，我们说的"收入"是在游戏经济体中新创造出来的，存在于游戏之中，绝大部分由玩家获得。

勾起很多人"童年回忆杀"的宠物电子鸡，现在再看可能让人觉得有点幼稚，游戏宠物阿蟹给人类似的感觉。如果我们把每个现在能看到的元宇宙说成一个城市的话，《阿蟹游戏》就是幼稚之城。甚至连玩网游、手游的玩家都会觉得：这也太幼稚了吧！但正如我们知道的，游戏里发生的事经常以独特的方式暗示着某种人类的未来，人们逃进游戏世界，获得难得的短暂快乐。而《阿蟹游戏》里发生的事，更预示着不一样的未来。

《阿蟹游戏》，首先是一款游戏

在《阿蟹游戏》中，宠物阿蟹画风很可爱，不过无论宠物还是场景都不是三维立体的与写实的，而是二维平面的与线条式的。它吸引玩家的是游戏玩法。简单地说，它是这样一款游戏：在《阿蟹游戏》的世界里，当你有了一些阿蟹宠物后，你可以让它们干三件事——探险、繁殖后代、组队对战。

在《阿蟹游戏》的世界里，地图中的土地也由一块块的数字土地组成。这一片游戏大陆叫"Lunacia 大陆"。《阿蟹游戏》在2019年进行了数字土地拍卖，其中森林、北极、神秘、萨凡纳等土地类型各有约1/4已经卖给了玩家。在这个游戏世界里，目前玩家还不能在自己的土地上进行建设，因为相关的技术工具还没有开发完成。也许在不久的将来，你可以在自己的地块上建设自己的游戏乐园，得到地块上的收获——金币、道具或者其他。当然，你也要小心，名为奇美拉（Chimera）的怪兽可能会破坏你的家园，所以你得布设陷阱、碉堡，和你的阿蟹一起守卫家园。

现在，当你有了阿蟹宠物后，你首先可以做的第一件事就是让它去探险。这相当于很多游戏中的练习场，探险中的宠物可以不时地得到一些名为 SLP 的游戏金币奖励。

如果你有两只以上的阿蟹宠物，你可以用它们配对繁殖下一代，这会消耗一些游戏金币。如果你能培育出稀有的宠物，你就可以在市场上卖个好价钱。

你也可以用三只阿蟹宠物组队，去跟别的玩家的阿蟹战队对战。它的玩法很像我们熟悉的田忌赛马，进行三轮比赛，玩家要精巧地安排战队、出战顺序。获胜者可以获得多种奖励，你还有机会获得游戏官方定期举办的锦标赛的奖金。

如果你没有合适的宠物（和很多游戏一样，强大的宠物道具很昂贵），你也可以去租用。比如，收益公会（Yield Guild，常被称为YGG）就提供了这种服务，这种服务有个特别的名称——"奖学金"。玩家可以获得租来的宠物的奖励收益的 70%，社区里的服务者即社区经理获得 20%，收益公会保留最后的 10%。

如果你喜欢玩游戏，这个游戏里面的玩法你不会太陌生。在这个游戏世界中，当前的玩法是围绕阿蟹宠物的特性展开的。如图 5-1所示，阿蟹宠物包括九种类别：鸟、植物、兽、鱼、爬虫、昆虫、黄昏、机甲、黎明。每个宠物有六个器官：眼睛、耳朵、角、嘴、后背、尾巴。

每个宠物具有四种由种类与器官决定的属性：健康值，表示宠物的最大生命值；速度，宠物的攻击速度；技巧，额外伤害值；士气，暴击率。

这九种宠物分成三组，植物、爬虫、黄昏一组，兽、昆虫、机甲一组，鸟、鱼、黎明一组，三组相互克制。

每个宠物有四个卡牌，这些卡牌决定宠物参与战斗得到的结果。特别地，若一个宠物使用同系卡牌，比如植物类宠物使用植物卡牌，将获得 10% 增加值。

种类（class）

1.鸟（bird）
2.植物（plant）
3.兽（beast）
4.鱼（aquatic）
5.爬虫（reptile）
6.昆虫（bug）
7.黄昏（dust）
8.机甲（mech）
9.黎明（dawn）

属性（stats）

由种类与器官决定

1.健康值（health）
2.速度（speed）
3.技巧（skill）
4.士气（moral）

器官（body parts）

器官从父母处遗传获得。每个器官有显性、隐性和次隐性之分

1.眼睛（eyes）
2.耳朵（ears）
3.角（horn）
4.嘴（mouth）
5.后背（back）
6.尾巴（tail）

9个种类相互克制

植物　黄昏

爬虫

鸟　黎明

鱼

兽　机甲

昆虫

+15%　−15%　−15%　−15%　+15%　+15%

由三只阿蟹组成的战队示例

图5-1　阿蟹宠物的种类、器官、属性与相互关系

110

当两个宠物进行繁殖时，生出来的宠物继承父母双方的器官特性。器官分为显性器官、隐性器官、次隐性器官，显性器官的遗传率是37.5%，隐性器官是9.4%，次隐性器官是3.1%。

这些参数看似纷繁复杂，其实是很多游戏中的常规设计。在游戏中，这些设计决定玩家操控宠物与其他玩家对战的结果。这么看，《阿蟹游戏》似乎和很多游戏没什么不同。

不一样的《阿蟹游戏》经济学

其实，《阿蟹游戏》与常规游戏有一个关键的不同。你会发现，它模糊了游戏世界和现实经济世界的界限。常规的游戏是，玩家从游戏厂商购买游戏道具，游戏厂商源源不断地售卖道具、获取收入。游戏是游戏厂商主导的。在《阿蟹游戏》，游戏正式开始之后，这些宠物就属于游戏参与者了，更多的宠物通过繁殖生长出来。游戏是按预先设计的游戏规则与市场经济逻辑运转的。

常规的游戏像迪士尼乐园梦幻之城，我们去消费，迪士尼乐园是商家。《阿蟹游戏》像现实城市，玩家会在里面消费，也可以打工。如果这个城市的经济突然繁荣（如2021年第三季度那样），吸引了很多外来的游客与商人，玩家在里面消费、打工收入都会水涨船高。

假设我们从某个时刻开始关注《阿蟹游戏》，在这个时刻，很多阿蟹宠物已经属于游戏玩家。当你进入游戏时，你可以去向其他人购买宠物，价格是由市场供求关系决定的。

你的宠物在游戏中探险，你可以获得 SLP 这种游戏金币奖励。你的宠物组队对战获胜，你也可以获得 SLP 游戏金币奖励。

当你决定要用两只宠物配对繁殖新一代宠物时，你就要消耗 SLP 游戏金币。之前，每次繁殖消耗的金币较少，比如第一代繁殖（两个宠物第一次繁殖）消耗 150 个 SLP 游戏金币，第二代繁殖消耗 300 个，以此类推。

但是，由于玩家在探险与对战中获得的新产出的 SLP 游戏金币太多，因此整个游戏经济系统有通货膨胀的倾向。2021 年 9 月 3 日，《阿蟹游戏》升级了游戏规则，第一代繁殖需要消耗 600 个 SLP 游戏金币，第二代需要 900 个。增加繁殖所需的 SLP 游戏金币，使得游戏经济系统的平衡状况略微好转，也就是不让游戏里的 SLP 游戏金币过多导致通货膨胀而贬值。

当你用两只阿蟹繁殖下一代宠物时，你还需要耗费另一种名为 AXS 的游戏金币。在更改规则前，每次繁殖需要 2 个 AXS 游戏金币，更改规则后仅需要 1 个。和阿蟹宠物一样，AXS 游戏金币的价格也是由市场供求关系决定的，当时它的价格已经连续上涨了好几个月。外界普遍认为，7 月至 8 月间每个 AXS 游戏金币的市场价格过高。改变规则、降低繁殖所需的 AXS 游戏金币数量，从而减少玩家的繁殖成本，这应当能促进宠物繁殖。阿蟹宠物的"人口增长"对于城市繁荣也相当重要。

除了在市场上购买 AXS 游戏金币外，玩家也可以在游戏中赢取。游戏官方举办一轮轮锦标赛，赢家可以获得奖励。在 2021 年 8 月开始的第 18 季锦标赛中，游戏官方给赢家准备了当时价值达 20 万美元的 AXS 游戏金币奖励。

AXS 游戏金币虽然看起来和我们已经在各种游戏中所用的游戏金币很像，但它又显得颇为复杂。

如果我们把《阿蟹游戏》看成一家公司的话，AXS 游戏金币很像是这家公司的股权，当然其严格意义上并不具有股权的属性。游戏创始团队、早期的机构投资者持有的游戏权益也是 AXS 游戏金币，随着游戏的发展，这部分游戏金币逐渐解冻，即变成可以自由交易的，他们可选择卖出权益，落袋为安。

如果我们把《阿蟹游戏》看成一个虚拟国家的话，AXS 游戏金币有点像这个虚拟游戏国度的货币与公民权的混合物。在游戏里，你可以用 AXS 游戏金币支付费用，如支付繁殖费用、在内部市场购买宠物。如果正在进行中的社区化改造能够顺利进行，也就是将游戏的控制权从游戏公司 Sky Mavis 转交给游戏社区，那么持有 AXS 游戏金币的人就可以像拥有公民权一样，投票决定游戏的重大事项，还可以作为公民获得质押分红，你可将这看成虚拟游戏国度发放的公民福利。

游戏的重大事项不只是指游戏的设计、规则变更，也涉及这个虚拟游戏国度的巨额公共财产。2021年11月8日，这个虚拟游戏国度的财政部——社区财库（community treasury）的现金资产总值高达32.5亿美元。这些资金一部分是拨备AXS游戏金币而来的，一部分是游戏售卖宠物、土地的收入。

由于AXS游戏金币能参与游戏以及围绕游戏形成的经济体的治理，人们也称AXS游戏金币为《阿蟹游戏》的治理通证（governance token）。

由于《阿蟹游戏》非常受欢迎，除了它的游戏内部市场可以买卖宠物、游戏金币之外，在互联网上，其外部也形成了繁荣的游戏道具交易市场，它的游戏金币、数字宠物、数字土地、建设用的物品均可以交易。请注意，游戏中的金币与道具能否在游戏之外进行交易，取决于游戏运营所在的国家或地区的相应法律与规定，这在全球范围内有很大的差异。

本章开头我们提到的菲律宾马尼拉的那些人养电子宠物获得收入的方式，就是把游戏中获得的游戏道具卖掉，变成实体世界中的钱，作为自己在游戏中工作的收入。这种游戏玩家在游戏中获得收入的情况，也被视为游戏的新模式，即所谓的边玩边赚钱模式（play to earn），与常规游戏中的所谓"氪金"（Pay to Play）形成鲜明的对比。

《阿蟹游戏》中的宠物、游戏金币、现金资产都是用区块链技术来管理的。在后面的章节中我们会详细讨论，区块链是一个所有权管理系统：记录你有多少现金，记录你有什么房产或其他值钱的物品。《阿蟹游戏》的宠物市场交易也是基于区块链技术搭建的，它未来的社区化治理也利用了相应的区块链技术工具，这些都可以通过在区块链上编写智能合约代码来完成。更具体地说，《阿蟹游戏》是基于以太坊区块链的，但由于以太坊区块链上交易成本高，它又在其上搭建了专用的侧链 Ronin 供游戏使用，提高速度、降低成本。

如图 5-2 所示，《阿蟹游戏》有着与多数常规游戏相当的游戏体验，但它外部有一个不一样的游戏经济体：一方面，游戏玩家参与游戏世界玩乐的同时，也能够获得收入；另一方面，游戏玩家通过持有治理通证，参与游戏世界的治理，尤其是对游戏的社区财库具有话语权。

在当前的各种网络游戏中，游戏公司设计游戏经济的目标通常来说有两个：一是保持经济的平衡，游戏中不出现严重的通货膨胀或通货紧缩；二是实现自身利益最大化，游戏公司最大化自身的收入。

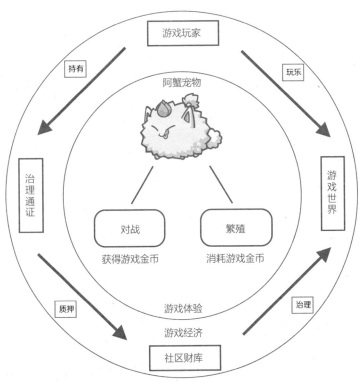

图 5-2 《阿蟹游戏》的游戏经济体

在《阿蟹游戏》中，游戏经济设计的目标发生了变化：一是经济的平衡仍是目标；二是目标不是最大化游戏公司的收入，而是游戏整体经济发展最大化，即"以经济增长为目标"。这和游戏公司的利益并不矛盾，因为随着游戏经济的增长，游戏开发者与早期投资者也能因游戏经济发展获得相应的收益。游戏团队、早期机构投资者、外部顾问一共持有 32% 的治理通证，他们的收益与游戏经济增长目标是一致的。

研究游戏经济及虚拟经济的宏观经济学家、美国印第安纳大学教授爱德华·卡斯特罗诺瓦的两本书《虚拟经济学》（*Virtual Economy*）、《货币革命》（*Wildcat Currency*）很值得关注，前者重点讨论的是游戏经济体以及如何制定游戏经济规划，后者则关注游戏与社交网络等经济体中与货币有关的宏观经济学问题。他自己是一个重度游戏玩家，但他和众多传统游戏研究者的不同在于，他更倾向于把游戏经济体类比为现实经济体，把游戏中的虚拟货币看成真实货币，他认为游戏经济可用宏观经济学逻辑进行分析。他不是仅把游戏看成游戏，而是从游戏与经济两端各往前走了半步，并做了一系列精彩分析。我们很多关于游戏经济学的新思路正是源自他。

最后总结一下我们对《阿蟹游戏》的案例分析。《阿蟹游戏》当然是一个游戏，但是如果看其背后的运行机制，就会发现它与当前游戏公司主导的机制有三大差异。

第一，与常规游戏相比，它更像一个游戏经济体。常规游戏强调游戏体验，它更强调经济规律。它的游戏道具的价格不是由游戏公司决定的，而是由市场经济决定的——由市场自由交易决定。对玩家来说，他们其实参与了两种游戏：一种是游戏场景中的游戏；另一种是游戏经济中的经营游戏。

第二，这个游戏经济体中的产权是有保障的。你拥有一只阿蟹宠物，没有人（包括游戏公司）能剥夺你的产权。你可以把它租借给别人获取租金，你也可以自由售卖。当然，你要自己保护好自己的宠物，宠物遗失后无人能帮你追回。

第三，这个游戏作为一个整体不属于游戏公司，而是由游戏的参与者共同拥有。参与者既包括游戏开发者、早期机构投资者，也包括游戏玩家、游戏公会，甚至像我这样仅仅是围观者角色的人也可以通过持有治理通证成为其中一员。这个"拥有"不只是一个理念，而是由技术和工具落实下来的。

当然，参与者一起拥有这个游戏也意味着风险共担。当游戏欣欣向荣时（这是我在写下这个案例时所看到的），每个参与者在这个虚拟游戏国度里拥有的游戏金币账面上在升值。但是，万一玩家玩腻了这个游戏，去追逐下一个更好的游戏，每个参与者在游戏中的账面价值就会下跌，甚至一夜变得一文不值。

但不管怎样，在《阿蟹游戏》中进行的这个经济试验有很有意义。

接下来，《阿蟹游戏》以及其他类似游戏的起伏跌宕可能会告诉我们：参与者共同拥有一个虚拟游戏国度，会是什么样的情形；众人能否一起创造一个持久繁荣的经济。游戏中的宏观经济的经验教训，可能会在构建数字经济上给我们不少启发。

"世上至少有两种游戏，一种称为有限游戏，另一种称为无限游戏。有限游戏以取胜为目的，而无限游戏以延续游戏为目的。"在中国互联网业曾经流行詹姆斯·卡斯的《有限与无限的游戏：一个哲学家眼中的竞技世界》。现在绝大多数网络游戏和手机游戏设定的场景是有限游戏，而《阿蟹游戏》正在探索向无限游戏转换。

[专栏] 游戏化让现实变得更美好

全世界对于游戏都抱着相似的态度：一群人"沉迷"于游戏，另一群人忧心忡忡。游戏对我们的社会是否有积极意义呢？这个讨论过于激烈，在没有深入的个人游戏体验和深度调研之前，我无意卷入争论。

我不玩游戏，但我认为，游戏是我们要接纳的社会现象。并且，在我们进入新数字世界之后，游戏在我们社会中所占比例可能还会进一步升高。

我只想向游戏学习。我这里想介绍两个人的观点，他们毫无疑问都是游戏的支持者，从他们那儿我学到了很多关于游戏，特别是游戏化（将游戏的方法用于工作与生活）的知识。科技文化学者史蒂文·约翰逊撰写了一本书《坏事变好事》，书名如果直译是"每个坏事对你都是好的"。他说的坏事是指，我们一代代人都不喜欢下一代的大众文化：报纸、电视、游戏、网络。他的观点是，从对大脑与认知研究的角度看，它们其实带来了巨大的进步：

> 大众文化正越来越成熟，一年比一年更需要人们投入更强的认知力。不妨把这种现象看成一种积极的"洗脑"：虽然那些使我们沉迷的大众娱乐经常被人鄙视为无用的垃圾，但它们却正稳健地、几乎是潜移默化地使沉迷者的头脑更加敏锐。

约翰逊的主要论述正是围绕游戏展开的。他告诉我们，玩家在探索游戏虚拟世界的规律与规则，在"边玩边学"：

> 在电子游戏世界，几乎不会有完整的规则呈现给玩家。……许多规则（终极目标的真相、达到终极目标可使用的技巧）只有通过不断地探索才会渐渐显露庐山真面目。玩家是边玩边学的。
>
> ……电脑所做的不只是提供明确定义的规则，还创造了一个世界，有生物、光、经济、社会关系、天气的世界。我称之为虚拟世界的物理（规律）……当你在电脑的模拟运行中探测游戏的微妙形态与倾向时，你就是在探索这个世界的物理现象。

更年轻的游戏设计者简·麦戈尼格尔则更巧妙地把游戏与现实联系到了一起，她写了一本书，名为《游戏改变世界：游戏化如何让现实更美好》。在我看来，她的主要立场是：现实是破碎的（我们在现实中持续受挫），现实无法或很迟缓地给我们反馈，而游戏给我们即时、明晰的反馈，让我们更好，因此我们应当借鉴游戏的机制设计现实游戏（游戏化），让现实变得更美好。

我曾玩笑说，从约翰逊到麦戈尼格尔，他们为想玩网络游戏的人做好了为自己辩解的理论准备：首先，游戏改善认知；其次，我玩游戏是为了学习，将来要将游戏中的逻辑用到现实世界中。

沿用这个玩笑说法我们可以接着说：现在，我们将进入的是一个数字与现实交融的新数字世界，我们可以大大方方地玩游戏了，更方便地游走在两个世界之间，用在虚拟游戏世界中学到的东西帮助实体世界。

当然，我平常说这个玩笑只是为了吸引人们关注麦戈尼格尔的观点。她作为资深的网络游戏设计者和现实游戏设计者，设计了一个连通游戏世界和现实世界的实用的游戏化框架。她设计的现实游戏主要是平行实境游戏（Alternate Reality Gaming，ARG），它是一种以现实世界为平台，融合各种网络游戏元素的互动游戏，玩家可以亲身参与，进行角色扮演。可以设想，我们不是玩屏幕里的游戏，而是穿着剧中服装在店里玩"剧本杀"。

麦戈尼格尔的游戏化框架很完备。同时，它对于数字与实体相结合的元宇宙更是有着现实意义，它是帮助我们探索的登山杖。我特意将其整理成我喜欢用的"一页纸"（见图 5-3），既便于使用，也便于在此基础上迭代。她的框架包括三个部分：游戏的四大决定性特征是有目标、有规则、提供反馈系统、用户自愿参与；将游戏思路用到现实中的游戏化是给参与者带来更满意的工作、更有把握的成功、更强的社会联系、更宏大的意义；游戏化的做法是设计游戏化参与机制、游戏化激励机制、游戏化团队机制与游戏化持续机制。

麦戈尼格尔的基础逻辑是：现实破碎了，用游戏来修补。"现实世界没有办法像虚拟空间一样，轻轻松松就能让人享受到精心设计的快乐、惊险刺激的挑战以及强而有力的社交联系，没有办法同样高效地激励我们。"因此，现实中的人看游戏玩家是沉迷，而游戏玩家看现实是："和游戏相比，现实破碎了。"

"现实破碎了"（reality is broken）其实正是她的《游戏改变世界：游戏化如何让现实更美好》一书的英文原名，"现实破碎了，用游戏化的方式来修补它"。在麦戈尼格尔看来，游戏为现实打了14个补丁，摘录如下供你参考。[○]数字与现实融合的元宇宙也可能用来提供类似的帮助。

1号补丁：主动挑战障碍。与游戏相比，现实太容易了。游戏激励我们主动挑战障碍，帮助我们更好地发挥个人强项。

2号补丁：保持不懈的乐观。与游戏相比，现实令人沮丧。游戏让我们保持不懈的乐观态度，把精力放在自己擅长且享受的事情上。

3号补丁：更满意的工作。较之游戏，现实毫无生产力。游戏给了我们更明确的任务、更满意的实操工作。

4号补丁：更有把握的成功。与游戏相比，现实令人绝望。游戏消除了我们对失败的恐惧，提高了我们成功的机会。

5号补丁：更强的社会联系。与游戏相比，现实是疏离的。游戏建立了更强的社会纽带，创造了更活跃的社交网络。我们在社交网络用于互动的时间越多，就越有可能产生一种积极的"亲社会情感"。

○ 资料来源：麦戈尼格尔. 游戏改变世界：游戏化如何让现实变得更美好[M]. 闾佳，译. 杭州：浙江人民出版社，2012.

6 号补丁：更宏大的意义。与游戏相比，现实微不足道。游戏让我们投身到更宏伟的事业当中，并为游戏赋予了宏大的意义。

7 号补丁：全情投入。与游戏相比，现实难以投入。游戏激励我们更积极主动、热情洋溢、自我激励地参与到自己正在做的事情当中。

8 号补丁：人生的升级。与游戏相比，现实不得要领，而且费力不讨好。游戏帮助我们感受到更多的奖励，让我们全力以赴。

9 号补丁：和陌生人结盟。与游戏相比，现实孤独而隔离。游戏帮助我们团结起来，从无到有创造更强大的社群。

10 号补丁：幸福的黑客。与游戏相比，现实令人难以忍受。游戏让我们更容易接受好的建议，并尝试培养更幸福的习惯。

11 号补丁：可持续的参与式经济。与游戏相比，现实难以持续。然而从玩游戏中得到的满足感，是一种无限的可再生资源。

12 号补丁：人人时代的华丽制胜。与游戏相比，现实毫无雄心壮志。游戏帮助我们确立令人敬畏的目标，一起达成看似不可能完成的社会使命。

13 号补丁：认知盈余的红利。与游戏相比，现实混乱而分裂。游戏帮助我们做出更加协调一致的努力，随着时间的推移，它们还将赋予我们合作超能力。

14 号补丁：超级合作者。现实凝滞在眼前，而游戏让我们共同想象和创造未来。

"游戏化"的四大目标

更满意的工作。游戏里的工作提供了真正的奖励和满足感。

更有把握的成功。只要失败有趣，我们就会继续尝试，并保持最终成功的希望。

更强的社会联系。玩家并不只是想在游戏里赢，他们还肩负着更大的使命。

更宏大的意义。意义是我们置身于比个人更宏大事业所产生的感觉。

游戏化激励机制：实时反馈

社交网络中的"+1"或点赞，在真实的生活里"升级"。

《云中日》飞机上游戏，帮助某客减少痛苦，更多地享受现实世界。

"耐克+"（nike+）跑步系统，让跑者获得实时的反馈，让人跑得更快更近。

游戏化持续机制：让幸福成为一种习惯

《刺客》，玩家在现实校园里跟踪目标，用水枪或其他玩家武器将之"消灭"。

《曼彻得州扑克》，在要也进行"幸福黑客行动"，以车一样的方式来缩小逝者。

《绝恋舞蹈》是现实中的大型多人任务角色的演游戏，任务是跳舞。

游戏的四大决定性特征

目标（goal），指玩家努力达成的具体成果。

规则（rule），为玩家如何实现目标做出限制。

反馈系统（feedback system），告诉玩家距实现目标还有多远。

自愿参与（voluntary participation），所有人都了解并情愿接受目标、规则与反馈。

游戏化参与机制：全情投入当下

《家务战争》是生活管理类平行实境游戏，是帮助你像游戏般管理真实生活的软件。

《学习的远征》是组织类平行实境游戏，用游戏来创造新制度、发明新组织实践。

《超好》利用社交媒体和网络病毒式传播前游戏的设想、任务和规则。

游戏化团队机制：和陌生人结盟，创造更强大社群

《陌生人的安慰》，每当身边几米内出现真实玩家，就会用目机或叮铃提醒你。

《意外的幽灵》，玩家可以在社交网络上主两位博物馆馆拟策展人，参与他们的奇遇。

《活力》是老老院的现实游戏，玩家在游戏中跟养老院老人通电话，相互帮助。

元宇宙第四块基石

所有权系统

丹尼尔·德雷舍
英国银行家、《区块链：基础知识 25 讲》作者

区块链这个点对点系统的设计初衷是
管理数字资产的所有权。

06 第六章

以太坊：数字世界的所有权管理系统

赛费迪安·阿莫斯
经济学家、《货币未来：从金本位到区块链》作者

比特币利用数字时代的新技术解决了人类社会亘
古存在的老问题：如何让经济价值跨越时间和空
间流动。

❯ 从世界账本，到世界计算机，再到全球结算层

❯ 以太坊：找寻自己的路

❯ 标准化：编程接口与通证标准

❯ 世界上的大部分事物都是不可互换的

❯ 发展出应用：以太坊上跑起金融业务

❯ ［专栏］以太坊区块链网络就是元宇宙的典范

2009 年 1 月 3 日，在位于芬兰赫尔辛基的一台服务器上，中本聪（Satoshi Nakamoto）生成了比特币区块链网络的第一个数据区块——创世区块。人们通常把比特币区块链看成一个账本，创世区块即这个账本的第一页。

这个区块链网络支撑的数字事物是比特币，但同样重要的是名为区块链的账本系统。在实体世界中，账本是我们用以管理所有权的系统。

2008 年 10 月 31 日，化名为中本聪的匿名极客在密码学家与数字货币的圈子密码朋克邮件组发送了一封邮件，并附上了自己的论文，即现在人们说的"比特币白皮书"——《比特币：一种点对点的电子现金系统》。现在，在全球范围内，比特币被视为一种数字世界的价值储藏物，在《货币未来：从金本位到区块链》[⊖]一书中，作者赛费迪安·阿莫斯（Saifedean Ammous）将其视为与黄金相似的、可作为货币本位的数字事物。

⊖ 已由机械工业出版社于 2020 年出版。

2013 年，《比特币杂志》联合创始人，同时也是软件工程师的维塔利克·布特林（Vitalik Buterin）想将比特币系统背后的区块链通用化，也就是给它加上更通用编程的功能。出生于 1994 年、过于年轻的他没有得到比特币社区的支持。这一年年底，他发表了一篇论文，即现在人们说的"以太坊白皮书"——《以太坊：下一代智能合约和去中心化应用平台》。

他建议，按比特币区块链的思路进行扩展开发，形成以太坊区块链。它的特点是拥有可以运行所有计算的所谓"图灵完备"的计算环境，能运行所谓的智能合约（smart contract）程序，从而支持金融的、半金融的、非金融的各类应用。他的设想吸引了技术专家加文·伍德（Gavin Wood）、金融人士约瑟夫·鲁宾（Joseph Lubin）等人。最终在 2015 年 7 月 30 日，以太坊区块链的第一个区块生成，并开始正式运行。

同时发展的还有另一条路线。包括 IBM 在内的大型科技公司也看到了比特币背后的区块链的技术特点与可能用途，2015 年年底，它们向 Linux 基金会捐赠相关技术，以开源操作系统的组织方式推出名为超级账本（Hyperledger）的开源软件，其中主要产品为 Hyperledger Fabric。这条路线通常被称为联盟链，即只有经过联盟许可的计算机节点才能加入网络。它与任何计算机节点都可以加入的比特币区块链、以太坊区块链等公链是不同的设计。

它们背后在一个基准点上是一致的，即在数字世界中，用区块链的独特数据结构和分布式网络形式来形成多方认同的账本记录，用区块链账本作为所有权管理系统。⊖接下来，我们重点用以太坊区块链网络作为案例来探讨：当我们进入实体世界与数字世界融合的元宇宙时，以太坊的发展过程能带给我们什么可借鉴的经验？

从世界账本，到世界计算机，再到全球结算层

很多人在说起比特币区块链时，经常说它是一个世界账本。更准确地说，它是一个记载与管理数字世界的一种事物（比特币）的所有权的账本，它是比特币的所有权管理系统。一个所有权管理系统通常包括两个要素，比特币账本以独特的方式在数字世界中实现了：① 记载在某一刻谁拥有多少财产；② 提供机制让一个人可以将自己的财产可靠与便捷地转给他人。

以太坊区块链同样实现了账本的基础功能。实际上，以太坊是按开源软件领域的做法做的，不重复"造轮子"，它直接借鉴了比特币系统的大部分做法：账本的数据结构、分布式网络、节点达成共识的机制、非对称加密和其他计算机密码学的应用等。以太坊区块链网络和比特币区块链网络的结构是相似的：由众多计算机节点组成一个所谓的去中心网络，用共识机制维护一个整体账本，在其网络

⊖ 如果你想更多了解区块链技术，可参阅方军《区块链超入门》（第 2 版），此书已由机械工业出版社于 2021 年出版。

生态内部有一个通用的价值交换媒介。比特币的账本与以太坊上的账本都可以看成一种"世界账本"。

以太坊的创新是，在账本基础上，增加了一个可以更好地执行各种程序的"世界计算机"。撰写技术规格说明书（也就是"以太坊黄皮书"）、曾担任以太坊CTO（首席技术官）的加文·伍德创造了这个曾经很引人注目的词来说明：以太坊区块链是计算平台。

2019年，在以太坊区块链的官网首页上，它用这么一句话介绍自己："以太坊，是为去中心化应用程序而生的全球开源平台。在以太坊上，你可以编写程序代码管理数字价值（digital value），程序代码按照预设的规则运行。你在世界上的任何地方都可以接入。"这些运行在以太坊上的程序代码就是"智能合约"。数字价值，就是我们上文说的数字所有权，在不同场景下人们会以加密数字货币、通证、加密资产、数字资产、数字权益等来指代它。在互联网和区块链业界，人们一般将数字所有权称为数字价值，有时甚至直接称价值，并因此将基于区块链技术发展出来的新一代互联网称为价值互联网。

到这里我们看到，以太坊区块链是对比特币区块链的升级迭代，它不只是记载与管理所有权的区块链账本，还提供了对所有权进行编程和运行的计算机环境。有了这两个基本条件，人们就可以在以太坊区块链网络上开发各种应用。

后来，为了更好地描述以太坊的定位，并向金融界介绍以太坊区块链在众多区块链中的独特定位,约瑟夫·鲁宾又创造了另外一个流传很广的词"全球结算层"。这个新定位词指的是,以太坊区块链网络不只是运行智能合约的世界计算机,它提供给世界的功能是,各种各样的资产可以在其上进行清结算。在区块链应用大爆发的2020 年与 2021 年,我们看到,在全球范围内,各种各样的广义金融资产开始在以太坊区块链上进行结算,并衍生出名为去中心化金融(DeFi)的业务形态,非金融资产(比如作为数字收藏品的加密朋克、作为游戏道具的 Axie 宠物)也在其上进行结算。

这条路上不只有以太坊,还有很多竞争者。现在有上百种结构相似又各有创新的区块链网络,包括公链、联盟链、区块链即服务(BaaS)等,但除了个别的例外,它们主要都是沿着以太坊开创的路线在发展,都是所谓的运行智能合约的平台(smart contract platform)。另外,加文·伍德还设想了另一种不一样的未来,以太坊的世界是一条链,而他认为未来应该是多条链,目前缺的是将多条链连起来的技术。他发起成立 Web3 基金会,并推出了名为波卡的区块链跨链系统,也形成了一个繁荣的技术生态。

如果将区块链的世界看成星空的话,以太坊就是其中最重要的星星之一。进一步打比方,以易懂但相对不精确的方式说,如果区块链的世界是太阳系,比特币网络是太阳,那么以太坊网络的地位就相当于地球。以太坊区块链网络对于名为"元宇宙"的未来数字世界有两重意义:

一方面，它可能是未来多个数字世界的关键基础设施之一，甚至可能是为未来所有主要的数字世界提供所有权管理系统与价值交易的技术平台。

另一方面，它自身又处于区块链与数字资产的多个数字世界的中心地带，它的发展路径、探索尝试会为建立未来数字世界提供至为重要的经验。接下来，我们重点来看这一方面。

以太坊：找寻自己的路

以太坊是一个区块链，更准确地说，是用区块链技术构建而成的网络与生态。它的发展历程对于构建一个数字世界最有启发的可能是：如何找到自己的用处。

当我们看一个个互联网平台时，我们会发现它们虽然也会经历很多演进，但通常在早期就确定了自己的路。比如微信是一个即时通信平台，可以一对一聊天，可以群聊天，然后它逐渐地附加上了一系列衍生功能——微信朋友圈、微信支付、微信订阅号、微信小程序、微信视频号，变成庞大的生态。但对我们每个人来说，微信的主要功能始终是智能手机上的即时通信工具。

以太坊的可能功能是逐渐地"生长"出来的，到目前也远未定型。它没有停止快速的进化。在 2019 年某个时刻，很多人认为，以太

坊也许就这样了，接下来就是修修补补。但 2020 年，它上面一个
原本小小的部分突然爆发，成长为现在已很庞大的去中心化金融生
态（下一章我们会专门讨论）。现在，以太坊展示着更多可能，比
如我们现在又开始设想，它可能是未来几乎所有主要的数字世界的
关键技术基础设施。

如前所述，最初以太坊区块链是比特币区块链的升级，正如维塔
利克在"以太坊白皮书"中所说，它的目标是在比特币区块链上
加上可以运行智能合约程序的计算环境，并运行各种去中心化的
应用。

在这个阶段，以太坊重点关注的还不是可以运行什么应用，而是把
技术平台搭建起来。它至少要先完成两部分工作，从而实现从比特
币区块链到以太坊区块链的演进，如图 6-1 所示。

第一部分工作是重复比特币区块链网络所完成的。比特币区块链网
络的实现方法是：用"区块 + 链"的独特数据结构维护一个不易
篡改的账本，用名为工作量证明（proof-of-work，PoW）的算
力竞争机制来规范一个没有中心、无须许可即可加入的网络。去中
心化网络中的计算机节点共同决定账本记录的条目，确保账本的可
靠性。在这个方面，以太坊没有创新，它基本上复制了比特币的做
法。直到近年来它试图升级到所谓以太坊 2.0（ETH 2.0），新的
技术创新与机制创新才开始被考虑引入。

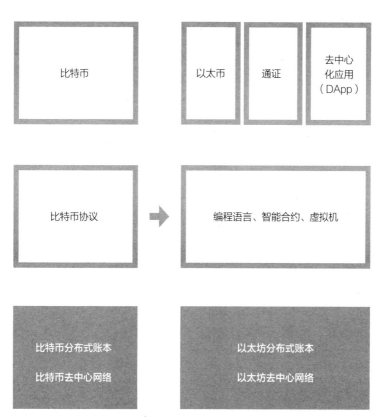

图 6-1　从比特币区块链到以太坊区块链

资料来源：方军. 区块链超入门［M］. 2版. 北京：机械工业出版社，2021.

比特币区块链网络可以完成的功能很简单，正如"比特币白皮书"所说，它的功能是支持一种"点对点的电子现金"。它的确做到了：通过公钥与私钥非对称加密来让用户掌控这种电子现金的所有权，用私钥签名的转账来进行电子现金所有权从一个人到另一个人的转移。比特币区块链系统还特别做到的一点是，它通过工作量证明将新增的比特币发行给做出贡献的计算节点，从而让进入其网络生态中的每一枚新比特币的初始发行都是完全去中心化的。

在这个部分，以太坊区块链几乎是复制了比特币区块链的技术与做法：相似的数据结构、相似的工作量证明机制，实现了一个相似的数字所有权管理系统——管理名为以太（Ether，常简写为代号ETH，中文常被直接称为以太坊或以太币）的内部代币。以太币的功能主要是这个系统的内部燃料，用以支付计算的花费（通常称为燃料费，gas fee）。类似地，比特币的一种用途也是用于在内部支付使用区块链系统的转账费，但当时比特币已经演变成一种在整个区块链世界通行的数字资产。

略有不同的是，虽然在以太坊区块链运行起来后，新增的以太币也是像比特币那样增发给成功赢得算力竞争的计算节点，但它预先发行了约7000万枚。其中有6000万枚以众筹的方式"预售"给了投资者。当时，主要是来自比特币社区的众筹参与者用比特币换取以太币，以支持这个新网络的研发。另外还有约1000万枚分配给了技术团队和早期支持者，以奖励他们的贡献。

以太坊的第二部分工作是独创的。在这部分的技术实现之后，每个人都可以在以太坊上运行自己编写的代码，管理数字价值。

当然，多数技术独创都是组合创新，你可以看成，以太坊是给计算机硬件加上了通用的操作系统。计算机操作系统的历史就是这么发展的：最早的大型与中型计算机（如 IBM、DEC）都只有专用且功能单一的操作系统；美国电话电报公司和加州大学伯克利分校的研究者接力开发了 UNIX 操作系统；林纳斯开发了 Linux 这种主要用于服务器的操作系统，同时期以微软为代表的商业软件公司开发了个人电脑 DOS 操作系统及 Windows 操作系统；进入移动互联网时代，又出现了苹果的 iOS 与谷歌的 Android 两大手机操作系统。在区块链技术领域，以太坊当时所处的阶段相当于 UNIX 刚刚出现时的阶段，它为区块链加上了通用的操作系统。

区块链账本是所有权管理系统，它的工作机制很像现实生活中的一家银行的账本：某一个时刻的账本状态，显示这家银行各个储户有多少存款，而当一个储户将资金转给另一个人时，这家银行的账本就变化到了下一个状态，显示现在各个储户有多少存款。在比特币区块链中，也可以通过编程实现这样的状态变化，但功能有限。以太坊想做的是，它希望在其上运行的编程代码可以运行所有的计算，让编程更具有灵活性。

以太坊增加的是所谓的以太坊虚拟机（Ethereum virtual machine,

EVM）的代码运行环境。它是操作系统的最底层部分，能够运行一系列代码指令。在这些机器代码之上，以太坊社区设计了多种高级编程语言，其中现在最常用的是 Solidity 编程语言。现在，以太坊虚拟机是整个区块链行业的事实标准，多种公链与联盟链均与它兼容，Solidity 编程语言也得到了较为普遍的支持。

有了这些基础，开发应用的程序员可以通过编程实现智能合约程序，让其在以太坊区块链上运行。智能合约程序能实现的基础功能是，用程序代码按既定规则操控区块链账本记录的数字价值。比如，智能合约可根据条件判断，如果你在资格列表中，提出申请后，你就可以获得一个数字宠物。

标准化：编程接口与通证标准

仅有所有权账本与操作系统两个基础功能是不够的。这时，以太坊区块链只能记载与管理以太币这一种数字资产，很显然它还不是一个很好的所有权管理系统。它是一个全功能的计算机，可以进行任何计算，但只能处理一种资产未免显得功能单一。我们可用一家在美国的银行做类比，这家银行希望自己的账本除了能够管理美元以外，还能够管理欧元、日元，可能还希望记载与管理多家公司的股票，希望能够帮客户记载与管理艺术收藏品这类有价值的财物。

2015 年 6 月，维塔利克提出了一个对以太坊系统进行改进的设想，他建议，为了表示数字价值，应该创建一种标准化的智能合约编程接口。11 月 19 日，他和以太坊的主要开发者费边·沃格尔斯特勒（Fabian Vogelsteller）一起向社区提出了所谓的 ERC20 标准提案。

他们的提案是，对于类似货币或股票等同质的、可互换的数字资产，应采用统一的编程接口。有了标准接口之后，其他程序在调用创建这类资产的智能合约程序时，就可以调用标准接口，而不用管这些程序内部的实现细节。这是软件行业的常规做法，用标准接口对程序内部的复杂性进行封装，将程序模块相互之间解耦。

具体地说，他们提案中用以表示数字资产和其功能的编程接口是一系列函数与事件。比如，调用 name 函数可以得到这个资产的名称，调用 transfer 函数可以把资产从一个人转给另一个人。当程序内部发生变动时，它会发出事件让其他的程序可以知晓变化的发生。在这些编程接口背后，程序内部用一种独特的数据表格（名为 mapping，数据映射）记录谁拥有多少数字资产，即记载当前的所有权状态。所有权人调用标准接口函数可以实现自己持有的数字资产的所有权变更，比如转给他人、授权他人动用一定额度等。

现在，一个智能合约就可以构成一个所有权管理系统。之前，一条链是一种数字资产的所有权管理系统。现在，一个标准接口的智能合约就是一种数字资产的所有权管理系统。以太坊这一条区块链上可以运行成千上万种数字资产的所有权管理系统。

现在在区块链行业中，ERC20 标准是各个区块链网络与众多应用遵循的事实行业标准，它表示的数字资产就是所谓的同质通证或可互换通证（fungible token）。它可以用来表示公司的股票，例如，你持有的一家上市公司的 1 万股普通股股票和我持有的 1 万股普通股股票是可互换的。

如果你不是程序员，你大可不必关注这些技术细节，但你至少要知道，有了这样的标准编程接口，一个遵循标准编写的智能合约就可以表示一种可互换的数字资产，而遵循标准的数字资产即通证可以被各种应用方便地调用、编程、管理。

这带来了巨大的变化。为了强调，我们再尝试换一种方式重复一遍：之前，我们需要用整个区块链系统（账本、节点、网络）来构建一个所有权管理系统。现在，在以太坊区块链上编写一个遵循标准的智能合约，就可以构成一个所有权管理系统，用通证表示数字资产。同样重要的是，通证可以较为方便地进一步编写智能合约进行编程处理、用网页或 App 进行编程处理。虽然比特币是可编程的数字资产，但现在编程处理通证的难度大幅降低。

自此，"通证"的概念进入了区块链领域。人们开始用通证来指代区块链领域里的各种数字资产，通证就是财产的凭证。在区块链上，用通证表示各种数字资产。人们开始设想：用通证都可以表示什么？在 2019 年的出版《精通以太坊：开发智能合约和去中心化应用》[一]（*Mastering Ethereum: Building Smart Contracts and DApps*）一书中，安德烈亚斯·安东波罗斯（Andreas Antonopoulos）和加文·伍德等给出了颇为详细的列表。他们首先指出，"通证常被用来表示数字化的私有货币，然而这只是其中的一种情况。通过编程，通证可以提供多种功能。数字货币只是通证的第一个应用场景"。

他们列举了各种可能的场景：货币、资源（一个共享经济体或资源分享社区所产出或获取的资源）、资产（链上或链下、有形或无形的资产，如黄金、房地产、汽车、石油、能源等）、访问权限（代表一种针对物理资产或数字资产的访问权限，如登录一个聊天室、访问专用的网站、入住一家酒店等）、权益（代表一个数字化组织如去中心化自治组织（DAO）的股东权益，也可以代表传统公司的股东权益）、投票权（代表数字系统或传统组织中的投票权）、收藏品（代表数字化的收藏品如加密猫，或者真实的收藏品如油画）、身份（代表一个数字化的身份，或者一个法律意义上的身份）、证言（代表针对某个事实的认证或证言）、实用型通证（用于使用或支付某种服务）。

世界上的大部分事物都是不可互换的

从上面罗列的各种可能的场景我们马上可以看到，其中想用通证表

———————
㊀ 已由机械工业出版社于 2019 年出版。

示的大部分资产或权益并不是可以互换的。其实，在实体世界中，可互换的事物是少数的，绝大多数事物是不可互换的。房子、汽车、机票都是不可互换的。看似可互换的事物略加处理也会变成不可互换，比如一本专门题名送给我的签名书和你的同一本签名书是不同的。

让我们回到以太坊发展的时间线去看，当时人们是怎么发现这个问题并给出技术方案的。

在过去几年，以太坊区块链网络中的人们或许也思考过这个问题，但并没有尝试让以太坊区块链上也能表示这些不可互换的资产。直到有人想创造一个名为加密朋克的头像，新的变化出现了。

约翰·沃特金森和马特·哈尔早在 2005 年就一起建立了 Larva 实验室，这是一家手机游戏公司。2017 年，他们开发了一个像素头像生成器，可以按照参数生成各种各样的头像。他们冒出一个想法：如果用以太坊区块链来记载与管理这些头像的所有权会如何？

因此，他们创建了一种名为加密朋克的头像，一共有 1 万个，分别有着不同的属性，如可能是男性、女性与外星人。当时，只要喜欢这个头像的人都可以申领一个，申领之后，这个头像就由你的以太坊地址与私钥来掌控。用现在的术语说，这个头像变成了你的数字资产。当然，当时这个头像并不值钱，它只是一个好玩的实验。程序员们总爱做各种各样的玩意儿，给自己和朋友们玩。

加密朋克的实验启发了另一组程序员，他们属于一家名叫 Dapper 实验室的游戏公司。除了可以创造各不相同的头像、形成数字资产，为什么不让这些头像做点什么呢？于是他们开发了一种可爱的电子猫咪，名叫谜恋猫（Cryptokitties）。它们是一些猫咪的绘制图片，但每个猫咪都是独特的。这些猫咪的所有权也是用以太坊区块链来进行管理的。

接着，他们又开发了一种简单到有点无聊的游戏：你可以让两种猫咪配对，繁殖下一代。这在 2017 年年底引发狂潮。当时人们疯狂地参与这个猫咪繁殖游戏，导致整个以太坊区块链网络陷入拥堵。它也引发投机狂潮，最贵的猫咪价格高达几十万美元，但很快价格回落，泡沫消失了。

在探索的过程中人们发现，也许这些不可互换的事物也需要一个通用的编程接口。2018 年 1 月，有人提出提案，建议类似于 ERC20 建立一种适用于不可互换的数字资产的通证标准，这就是 ERC721 标准。现在，在区块链行业，ERC721 也是不可互换资产的事实标准。在区块链业界，不可互换通证（non-fungible token）的缩写词是 NFT，NFT 后来甚至成为一个通用词，传播到艺术收藏领域和大众之中。

有了两种通证标准之后（见图 6-2），以太坊区块链网络上就开始涌现各种各样围绕通证的尝试。

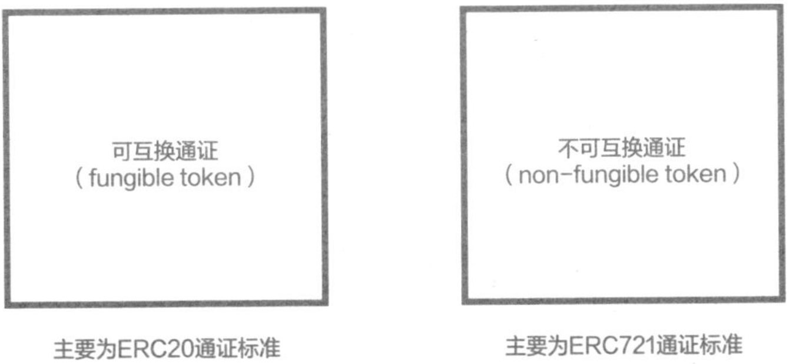

图 6-2　区块链上的两种数字资产标准：可互换与不可互换

在有了 ERC20 标准之后，大量遵循这个标准的通证被创建出来，通常每个通证表示一个技术项目的权益。在 2016 ～ 2017 年也出现了一些针对这些通证的尝试性编程应用，其中最热门的就是所谓的代币众筹：一个技术项目发行代表自身网络权益的通证，其他人可以用以太币等数字资产参与众筹，也有投资机构投资资金换取通证而非公司股权。但在 2017 年，正如历史上的金融泡沫一样，这种当时被重新命名为 ICO⊖（首次代币发行）的做法中出现越来越

⊖　2017 年 9 月 4 日，中国人民银行等七部委发布公告叫停 ICO，本书这里提及仅为对以太坊区块链的技术进行探讨。公告指出，"近期，国内通过发行代币形式包括 ICO 进行融资的活动大量涌现，投机炒作盛行，涉嫌从事非法金融活动，严重扰乱了经济金融秩序"。公告认为，"代币发行融资是指融资主体通过代币的违规发售、流通，向投资者筹集比特币、以太币等所谓'虚拟货币'，本质上是一种未经批准非法公开融资的行为，涉嫌非法发售代币票券、非法发行证券以及非法集资、金融诈骗、传销等违法犯罪活动"。公告要求，"本公告发布之日起，各类代币发行融资活动应当立即停止。已完成代币发行融资的组织和个人应当做出清退等安排，合理保护投资者权益，妥善处置风险"。

多的骗局与闹剧。有些项目仅凭几张纸就获得巨额的资金，但实际上项目的想法并不靠谱，并且有些人拿到资金后也没有按承诺去研发技术产品，而是挥霍浪费。

当然，也有一些优秀的区块链技术项目几年后成功地推出，前面讨论过的 Decentraland 就是典型案例之一，通证促成其网络及生态的形成、发展、繁荣。2021 年 4 月 21 日，美国证券交易委员会（SEC）在官网发布《通证避风港提案 2.0》[⊖]，提议允许符合条件的初创项目发行通证。这个提案建议豁免了初创企业发行证券的相关要求，给予三年豁免期，理由是："一个网络要成长为无须个人或组织进行基本管理或创业努力的功能性或去中心化网络，通证必须先行分发给潜在的用户、程序员和参与者，并允许自由交易。若遵照联邦证券法之规定对通证的初次发行和二级交易严格实施约束，势必阻碍网络的成长，也将阻止作为证券售出的通证在网络中作为非证券运行。"它又强调："通证的发行和出售，必须是以促进网络的访问、参与或发展为目的。"

ERC721 标准可应用的虚拟土地、数字收藏品、数字艺术品等领域也有很多创新，但要更晚一些才爆发。2021 年年初，佳士得进行艺术家 Beeple（原名迈克·温克尔曼）的数字艺术品拍卖，名

⊖ 2021 年 4 月 21 日，美国证券交易委员会委员海丝特·M. 皮尔斯（Hester M. Peirce）在其官网发布《通证避风港提案 2.0》（*Token Safe Harbor Proposal 2.0*）。https://www.sec.gov/news/public-statement/peirce-statement-token-safe-harbor-proposal-2.0。

为《日常：最初的 5000 天》的一项 NFT 艺术品拍卖出了 6934
万美元的惊人价格。接下来的几个月，人们看到加密朋克等头像
的价格暴涨。8 月 24 日，中国风险投资家冯波以时价超过 500
万美元购得一个编号 7252 的稀有加密朋克头像（见图 6-3 左
侧头像）。图 6-3 中右侧头像为 NBA 篮球运动员库里用作头像
的 NFT，为编号 7990 无聊猿猴游艇俱乐部（bored ape yacht
club，BAYC，也称无聊猿猴）。在全球范围内，交易平台的交易
量也在激增，NFT 交易平台 Opensea 的交易额在 8 月 29 日达
到惊人的一天 3.2 亿美元。

图 6-3　NFT 头像示例：加密朋克（CryptoPunk）编号
7252 与无聊猿猴（BAYC）编号 7990

在 2021 年，用 ERC721 及另外的如 ERC1155 等通证标准（所
谓 NFT）来表示各种数字资产的可能性开始被广泛关注。如果我
们想要把各种资产数字化，实现万物上链，NFT 是我们所需的价

值表示工具。现在，在元宇宙大背景下，人们也开始探讨，元宇宙中的各种不可互换的数字资产都可以用 NFT 来表示。

[知识块] 数字所有权：永续性与资本品思维

区块链仍是很新的事物且其中的现象经常充满争议，因此，人们并未有一致的认识：在数字世界中，拥有所有权意味着什么。

我们不知道，拥有一个加密朋克或无聊猿猴的头像意味着什么，拥有一块 Decentraland 里的数字土地意味着什么，拥有《阿蟹游戏》里的一只宠物意味着什么，拥有一枚比特币意味着什么，拥有一个项目的治理通证意味着什么。

我不知道，我在努力，想知道答案。我的设计师朋友大智七八年前制作了一系列星际矿工（Zero Inbot）机器人形象，我总自豪地宣称，名为"宝藏搜寻者"的那一个属于我，它曾登上我的一本书的封面，如图 6-4 所示。因此我会偶尔自问：昂贵的 NFT 头像（profile picture, PFP）和这有什么本质区别吗？我最近终于有点开始明白，或许，NFT 的忠实持有者要的是在数字世界中真正属于自己的感觉，由机制保障的属于自己的感觉。

图 6-4　设计师大智创作的部分星际矿工（Zero Inbot）机器人形象

注：左为"宝藏搜寻者"，中为"大智"自己，右为"执行长"（他的必杀技是"执行长的凝视"）。

现在在数字世界中，你能拥有的或许是类似于小时候收集的火柴盒或现在小孩子喜欢的奥特曼卡，但这是数字世界中所有权的谦卑开端。

所有权或产权，意味着永续性。自古，人们都明白这背后的逻辑：无恒产而有恒心者，惟士为能。若民，则无恒产，因无恒心。林纳斯这样的伟大创造者能将产权贡献给所有人，但不妨碍 Linux 的创造。但是，数字世界中你我这样的普通人需要所有权，我们需要所有权的永续性。

数字所有权，也意味着"资本品思维"有了可能。资本

品（capital goods）的心智，是我在《货币未来：从
金本位到区块链》中学到的，资本品指未来能创造价值
的物品。现在的互联网世界，所有的数字物品都是消费
品，现在的互联网只推动人们消费数字商品，如资讯、
视频、游戏，而不能推动人们创造资本品，根本的原因
是没有所有权。现在，在数字世界中有了所有权，你可
以真的拥有一个数字物品，资本品思维有了实现的技术
基础。

发展出应用：以太坊上跑起金融业务

有了 ERC20 与 ERC721 标准之后，我们可以把几乎所有类型的
资产都在数字世界中表示出来。之后，有了实现各种各样应用的可
能性。问题是，这些应用会是什么呢？

如果以太坊仅仅可以用来表示数字资产，它有用但又没那么有用。
实际上，虽然约瑟夫·鲁宾提出了"全球结算层"的说法，能够很
有说服力地解释，在以太坊用来表示资产后，以太坊可以成为资产
结算的技术基础设施，但他的说法引发的共鸣其实并不多。这是因
为，这个功能过于单薄。当时的情况类似于我们的智能手机仅仅可
以用来转账一样：很好啊，然后呢？

在相当长的时间里，这个问题似乎并没有引起太多关注。以太坊核心社区包括创始人维塔利克的关注点在让以太坊的计算性能变得更强，他们推出了雄心勃勃的以太坊 2.0 路线图，对以太坊的技术架构进行大改造，其中重大的变化是以太坊的共识算法从工作量证明转为权益证明（proof-of-stake，PoS）。同时，考虑到当时以太坊区块链已经越来越需要新方法来提升性能，维塔利克又在 2020 年年初连续撰写了几篇关于 Rollup（也就是将一系列交易组合成一组更小的数据，然后存到链上）技术的文章，他提出两种主要的方向——Optimistic Rollup 与 ZK Rollup 是以太坊扩容的可行解决方案，这是所谓的二层扩容方案的一部分。

但创新在生态中悄悄孕育。这一次，重大创新不是由以太坊核心社区做出的，而是由以太坊生态里开发应用的人共同创造的，即由更大的应用开发者社区共同创造的。这一次出现的是一系列被统称为去中心化金融的应用，以太坊上开始跑起一系列广义金融业务的实验。我们看到了价值互联网的雏形，一系列和数字价值有关的、普通用户也可以在网页浏览器使用的应用出现了。当然不可否认的是，现在使用的门槛还比较高，用户至少需要掌握区块链链上钱包的操作。

你可能很想了解，在时机成熟的时候，这一系列创新尝试是如何在以太坊生态里自然地生长出来的。在下一章，我们将以案例形式讨论去中心化金融。

让我们先跳跃到未来，展望实体世界与数字世界融合后的情景。在未来的元宇宙中，实体世界中的资产如现金、房产、股票、品牌、知识产权，都在逐渐地以计算机中的数据记录来表示；数字世界中新出现的资产形式也需要被表示；你的社交网络数据、照片、视频、游戏道具、数字孪生工厂的数据、算法计算的结果，也需要以数字的方式表示为资产。

拥有了资产，你才能保护它不被别人盗用，或者用它与别人做经济交换，所有权的表示是进一步经济活动的基础。区块链技术发展十多年，给我们展示的技术可能性是：

> ❯ 基于分布式网络的区块链账本是更适应未来的账本。

> ❯ 通证是能融合实体与数字的更好的资产表示方式。

> ❯ 我们可以把规则编写成智能合约程序，即对资产进行编程。

如图 6-5 所示，区块链是适应数字化时代需求的所有权管理系统。在以太坊区块链网络逐渐发展成熟并激发大量的竞争者后，我们在账本之外有了相对完整的技术模块，形成了更可用的技术基础设施。

图 6-5　区块链是适应数字化时代需求的所有权管理系统

[专栏] 以太坊区块链网络就是元宇宙的典范

以太坊区块链网络，可能是迄今为止最好的元宇宙范例之一。它没有三维立体的空间，但它在多个方面跟我们展望的元宇宙——实体与数字融合的未来，是高度一致的。我们已经详细讨论了以太坊区块链的发展历程，这里，我们重点从一个元宇宙的视角观察它。

现在，狭义的以太坊区块链网络规模已经非常庞大，2021 年 11 月，它的市值在 5000 亿～ 7000 亿美元波动，相当于亚马逊云（AWS）在亚马逊公司整体业务中的估值。

第一，元宇宙是实体与数字结合的世界，其一部分在实体，一部分在数字。

从计算机网络的角度看，以太坊区块链网络的实体部分是众多节点运行的计算节点，数字部分则是它提供的基于区块链技术的价值计算平台。它的众多节点并不是由一家庞大的公司来运行的，而是众多机构与个人独立地参与，根据个体的利益自由决定加入或退出网络。

节点运营方、团队、应用开发者均是独立的个体，在一个网络中连成大的整体。处于实体部分的是众多计算节点背后的运营方，处于数字部分的是核心开发团队与众多应用开发者。

对比而言，Linux 开源社区就不是典型的元宇宙，因为它的产出只是一个操作系统软件，各方是用它作为操作系统接入网络或构建网络。以太坊是"系统 + 网络"的组合，这让它实体与数字结合的程度远大于仅有"系统"的 Linux。

第二，元宇宙是以社会和经济的方式将一群人组织在一起创造伟大的产品，更重要的是，它要能持续生长。

我们可以找到一些过去的模型，但以太坊以独特的方式把各方组合到了一起：团队不是像微软那样的软件公司，而是像 Linux 那样的开源软件组织，节点运营方像加盟商，应用开发者像参与 iOS 或 Android 平台应用开发的开发者。

以太坊用以将各方组织在一起的，是区块链领域独特的创新——一个区块链网络的内部代币，对以太坊来说是以太币。节点运营方运行计算节点，获得以太币形式的奖励和用户支付的费用（也是以太币的形式）。当用户使用以太坊自身的转账功能或其他开发者提供的智能合约应用时，用户以按量计费的形式支付燃料费用。在其生态内部的流通范围内，以太币一部分像平台的股权，一部分像价值交换媒介（即流通货币的三大功能之一）。

以太坊用以将各方组织在一起的，还有它像城市一样的希望。应用开发者在以太坊网络中开发一个产品，就像在城市中开设工厂或店铺，城市中的居民会成为他的工人或客户，此外，他又为城市吸引来新的人。以太坊是个生机勃勃、多样性的城市，在有了最初的推动之后，它快速地生长着。

以太坊用以将各方组织在一起的，还有一些独特的精神力量，如源自开源社区的精神力量（开源、协作）、源自加密社区的精神力量（对数学的信任），以及区块链领域逐渐形成的自己独特的精神力量（去中心网络）。以太坊社区所信奉的精神力量并不是区块链业界中最极致、最前沿的，但它似乎能恰到好处地融合多种力量，形成自己的气质。

第三，元宇宙是实体与数字的融合，为参与其中的用户创造了一个尽量无限延展的经济活动与社会活动空间。

只有构建物，没有人的活动，不是好的空间。如果从整体上看互联网，它是这样一个空间：机器、构建物、人组成混合网络，多样化的人在其中开展活动。互联网的发展可能性从来没有上限，它有高低起伏，但在长时段总能有新的创新产品涌现。

将以太坊看成单个的网络，与已经存在的互联网单一网络（电子邮件网络、亚马逊电商网络、亚马逊云服务、微信社交网络）相比，它已经处于与这些优秀网络齐头并进的位置。

以太坊是价值流动网络这一新类型的代表。以太坊网络和其上活跃的开发者共同为普通用户的和与价值相关的活动提供了可能。当然，我们必须承认它现在仍有很大的缺陷——速度慢和成本高。不过目前看，适合它的高价值活动能很好地在其上进行。人们也在其上试验各种新可能，如 NFT 艺术收藏、游戏、社交媒体等。

第四，一个元宇宙不太可能属于某个公司，理想状态是其所有权属于所有参与者。

我们已经在去往这种未来的路上。互联网平台经常是一家互联网公司的私有财产，并属于它的股东。但一个互联网平台周围的生态（如打车平台生态中的司机、数据）并不属于公司。

在一个元宇宙中，其中的资产也是属于多方的。所有权会像城市一样复杂，有的是公共品，有的是半公共品，有的属于公司，有的属于个人。问题是，一个元宇宙中复杂的所有权如何落实下来呢？

以太坊的做法已经给了我们部分答案。

在规则和代码层面，它采用的是开源的逻辑。它是开源的，即属于所有人，你不是以太坊生态中的一员也可以使用。当然，有些人对于规则和代码有着更大的影响力，维塔利克的观点影响了核心系统的开发方向。

在网络整体的所有权层面，它用以太币的方式将所有权分配给了早期投资者、核心团队、节点运营方，其他人也可以从公开市场上购买与持有。

在应用层面，如果你在这个生态中创造了新的财产，新财产将由你来决定如何分配。这相当于，在这个城市里，你可以建设工厂、商店或住宅，新建造出来的财产所有权由你分配。并且，以太坊是开放的，你没有被锁定，你可以随时迁往他处。

在这三个方面，能像以太坊这样均达到相对理想状态的网络很少。相对比特币系统和以太坊系统，在整体所有权上比特币系统更分散化，规则和代码上不相上下，但比特币系统没有为应用提供好的基础，因此其上的应用相对少得多。对比 Decentraland 与以太坊，除了视觉上更立体绚丽，符合人们对于立体互联网的期待之外，其在三个方面都离以太坊非常远。而诸如 Facebook、微软推进的虚拟现实会议的应用，则根本尚未触及所有权问题。

在当下互联网产业中，各个生态是围绕连接生产者与消费者的"互联网平台"（platform）展开的。区块链带来了不一样的生态构建方式，各个生态是围绕像以太坊这样的事物展开的。为了与过去形成区分，现在区块链业界将自己开发的这类新事物称为"协议"（protocol）。

协议，原指计算机之间共享数据、形成网络的规则。互联网就是由一组协议组成的，如 TCP/IP 协议、HTTP 协议等，协议让计算机能够相互通信。现在，人们将网络中与机器、人、资产相关的规则都称为协议，例如，以太坊是底层区块链协议，波卡是跨链协议。这些区块链上的应用也自称协议，比如做通证兑换的 Uniswap 自称"Uniswap 协议"，它是一种去中心化交易协议。将自己归为哪一类，有着非常深远的影响，将自己归类为协议，它们相应地把重点放在规则制定、技术实现和治理上。

让我们连起来看。最早，各种软件生态是围绕操作系统展开的，公司提供的产品是操作系统或与之类似的软件平台。后来在互联网业中，各家公司在软件上增加了产品与服务，将自己定位为互联网平台。现在在区块链领域发生的进一步进化是，去掉平台自己，变成

"无我"的协议。我们认为，未来一个个元宇宙的生态构建方式将是围绕协议展开的（见图6-6）。

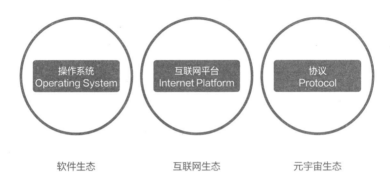

图6-6 三代生态构建方式：操作系统、互联网平台、协议

元宇宙第五块基石

可编程

查尔斯·巴贝奇
计算机先驱、19 世纪数学家

我希望蒸汽动力能够进行各种数学计算。

弗雷德里克·布鲁克斯
计算机科学家、IBM 360 操作系统之父

编程的快乐是一种创建事物的纯粹快乐。

07 第七章

可编程的世界：DeFi 金融城的形成

实体与数字融合形成的未来世界——元宇宙，它与实体世界的关键
不同是什么？

开车通过高速公路收费站时，我们在多数情况下直接通过：ETC
（电子收费）自动识别车辆，从银行卡中扣款。最近，在一个专
业社群里，我听到抱怨：作为会员，申请资料库的权限几天未获
得，这是否可以自动化？也就是，能不靠人工，而改成通过编
程实现吗？我们也可以把目光放到更小的范围，在我的苹果电脑
里，一键可以自动执行一系列颇复杂的操作，工作流系统把快捷
键、软件的功能、自己编写的程序脚本连起来了。这是我们越来
越习以为常的实体与数字融合的世界：它是可编程的。而最理想
的状态是，我们每个人都可以自己编写一些代码去完成自己想做
的事。

我们把目光转回以太坊区块链网络。在过去两年，它上面发生的和
可编程有关的事情可能指引着元宇宙的一个关键方向。

从智能合约平台到 DeFi 金融城

在区块链行业，以太坊被视为"智能合约平台"。更准确地说，它引领了各类以作为智能合约平台为目标的公链、联盟链，而它是最为成功的一个。现在，在排名前 500 的区块链项目中，约有 150 个可视为智能合约平台。

我们可以用智能合约这种独特的程序开发出什么样的功能呢？在学习智能合约编程时，很多人都试验过用它进行简单的商品售卖。我们可以在不使用淘宝与支付宝这些"中间人"的情况下，与陌生人完成商品与款项的互换。在确认收货之前，智能合约像中间人一样替双方临时保管资金。这里用到了智能合约的两个基本特性：无须中介的交换（也称去中介）、由智能合约进行资金托管。

上一章介绍过以太坊上的众筹时期，当时众筹正是通过智能合约的这两个特性来实现的。通常的做法是，一个众筹智能合约持有要发行的新的数字资产（新的通证），而其他人用另一种老的数字资产（老的通证）来跟这个智能合约交互，按设定的价格用老的通证兑换新的通证。新老通证都由智能合约进行管理。这些众筹合约之间的细微差别是规则，众筹规则有时是先到先得，有时是参与者超过一定人数或总投入超过一定金额众筹才成功。总之，这时人们已经用智能合约实现了较为简单的广义金融业务。

2020 年夏天，去中心化金融（DeFi）突然爆发，它主要是指以太坊上用智能合约实现的各种创新金融业务，后来也扩展到各种区块链上。类比来说，以太坊生态里冒出了一个"金融之城"，当然，这个所谓的 DeFi 金融城远不像现代纽约曼哈顿繁荣与规范的华尔街，而更像 18 世纪末交易员和投机者在一棵梧桐树下从事非正式交易的萌芽期华尔街。但是我想，我们沿着现在的早期发展路径往前展望，可能可以绘制出走向未来的路。请注意，我们接下来的讨论是在全球范围内讨论技术尝试，而每一项金融产品在不同国家与地区需要遵循当地的法律法规。

DeFi 的创新并不是一夜之间发生的，它已经孕育了很久。2017 年 7 月，西门子的机械工程师海登·亚当斯（Hayden Adams）被公司裁员了，他跟在以太坊基金会的朋友卡尔·弗洛斯克聊天诉苦，卡尔跟他说："恭喜你，这是发生在你身上的最好的事情！以太坊是未来，现在还处于早期阶段。你的新使命是编写智能合约！"亚当斯自学智能合约编程，在以太坊上编写了 Uniswap 这个协议，用户可以用它将一种通证兑换为另一种通证。如前所述，区块链上的金融产品通常自称是协议，强调自身的开源特性、单一功能特性及其他协议的可组合性，与做全链条的互联网平台区分开。当然，为了便于理解我们也可以说，他做了一个通证的交易平台。

同样，在 2017 年下半年，金融背景的罗伯特·莱什纳（Robert Leshner）创建了一个名为 Compound 实验室的机构，几个月之后的 2018 年 1 月，他发布一篇文章告诉人们："我们在以太坊上发布了一款名为 Compound 的协议。这是一个所谓的借贷协议，你可以存入以太币或其他通证获取利息，也可以通过我们的协议向其他人借款去投资、使用或卖空。"简单地说，他在区块链上做了一个简易的商业银行业务。

2017 年 12 月，已经在区块链领域创业多年的符文·克里斯滕森（Rune Christensen）在以太坊上发布了一个新的智能合约，它的实现逻辑很复杂，但功能很直接：如果你在它的智能合约中存入以太币，那么你可以得到 DAI（他有意选择与中文"贷"相同的读音）。背后的系统用复杂的机制做保障，DAI 在市场上可以被认为等同于一美元。因此这个产品提供的功能相当于，存入其他资产，借出美元。这个产品的名字叫 MakerDao，虽然也有人称它是借贷协议，但现在大家通常认为，它利用智能合约提供的产品实质是有抵押资产发行的数字美元货币，DAI 是挂钩美元的稳定币（stablecoin）。MakerDao 是一个美元稳定币协议，它扮演着某种简陋的中央银行的角色，它的机制接近于锚定某一外国货币发行本币的名为"货币局制度"的汇率制度。

在 2017 年年底、2018 年年初，DeFi 领域的几个主要产品的想法与功能都已经成型，但这些产品还要经过漫长的时间才能逐渐成熟，最终在 2020 年年中集中爆发。衡量金融业务的一个可用的通用指标是它管理的资产总额，区块链业界的术语是 TVL（total value locked），即一个产品的智能合约中托管的资产价值。2020 年 1 月 1 日，所有的 DeFi 产品智能合约托管的资产总量约为 6.6 亿美元，而到这一年年底为 168 亿美元，是年初的 25 倍多。2021 年这一指标仍持续增长，2021 年 11 月初达到 1123 亿美元，是上一年年底的近 6.7 倍。

2020 年也有一些新的创新产品形态出现，其中最重要的一个是安德烈·克罗涅（Andre Cronje）创建的 Yearn.finance，他几乎靠自己一个人编写智能合约程序，创建了这个影响巨大的产品。他最初的开发思路很简单：他发现，区块链上各种借贷协议的利息有高有低，他开发一个智能合约，把自己和众人存入的资产随时酌情移到利息较高的借贷协议，获得较高的利息回报。几个月后，随着 DeFi 领域的繁荣，市场中有了更多利用资产获利的机会，他编写了新的智能合约并启用我们现在知道的名字，不过这些智能合约的核心功能的实质还是将资产调度到能获得较高收益的地方。

克罗涅开创的这个产品形态被称为"收益聚合"，也常被区块链业界俗称为"机枪池"（vault）。它实现的功能与传统金融世界中的基金较为接近，替客户做资产管理：聚集资产，精明地投资。

不同的是，在 DeFi 世界中，资产不是由公司机构管理的，而是由智能合约保管的。资产的投放不是由基金经理决定的，而是由所谓的策略合约决定的。理论上，任何人都可以提交策略合约代码，成功地提交策略、获得社区认可的人能够获得一定的收益分成。2021 年 11 月，克罗涅编写的一系列智能合约管理着 46.8 亿美元的资产，对于传统金融来说，这算是一家小规模的共同基金了。

在克洛涅"发明"收益聚合产品之后，DeFi 金融世界的产品序列就已经很接近传统的金融产品序列了：Compound 对应着存贷，Uniswap 对应着交易，Yearn 对应着基金，MakerDao 与 DAI 大体对应着货币（主要是承担交易媒介的功能）。

2021 年 9 月，英国《经济学人》杂志关注到了 DeFi 的爆发性增长，推出封面文章《掉进兔子洞：DeFi 的诱人承诺与风险》（见图 7-1），作者认为，DeFi 可以提供可信、便宜、透明和快速的交易，但他也提醒人们关注风险。

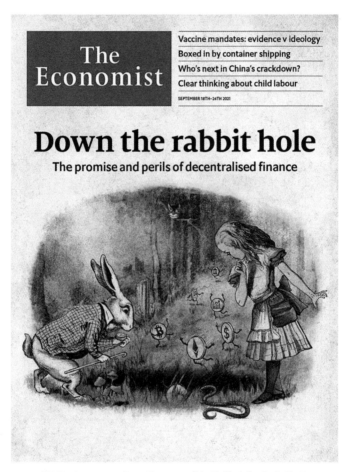

图 7-1   2021 年 9 月 18 日《经济学人》杂志封面

DeFi 中的智能合约程序

也许你会想一个问题：这些以太坊上的试验性的金融产品为什么叫"去中心化金融"呢？这一方面是因为，它们是运行在以太坊这个去中心化的技术基础设施上的。以太坊区块链网络是分布式账本与去中心化网络的组合，其上进行的关于价值的计算也都是去中心化的。

另一方面，如果具体看一个产品的工作方式，我们能立刻看到，它把金融产品中常见的"中心"（实际上是金融中介）去掉了。让我们来细看 Compound 借贷协议。

Compound 借贷协议对应传统金融中的银行。银行作为存款人和贷款人之间的中介，负责借与贷的核心任务：

> ❱ 接受存款，贷出贷款，为存款人提供利息作为回报，向贷款人收取利息作为收益。

> ❱ 以抵押借贷、信用借贷这两种主要方式进行风险管理，确保资金安全。

> ❱ 管理好资金池或资产池。

在 Compound 借贷协议中，你借贷的过程是：假设你拥有 1000 枚 ETH，但你看好它的长期发展，不愿抛售。你可以将它作为抵

押物，借贷美元稳定币 DAI 以进行其他个人投资。在 Compound
这样的去中心化的借贷协议中，你可在它的两个借贷市场中分两步
操作：

第一步：在 Compound 平台的 ETH 借贷市场中，你存入 ETH
资产以获得利息。同时，你将它设为抵押物，这将让你在整个平台
中获得借贷额度。

第二步：在 Compound 平台的 DAI 借贷市场中，你以自己在整个
系统中的抵押物作为抵押，借出来 DAI。你需要相应地支付利息。

完成如上两步后，你相当于在传统商业银行中进行了一次借贷。这
一切是由区块链上的智能合约也就是 Compound 借贷协议的两个
借贷市场对应的智能合约来完成的，银行的角色被去中心化的协议
所取代（见图 7-2）。在 DeFi 中，这些资金池/资产池不由任何
人掌控，而是由链上的智能合约来掌控，这利用了区块链上的智能
合约可以按照规则可信地独立持有资产的特性。

对比一下，区块链上的这些广义金融尝试被称为"去中心化金融"
是有原因的，它与传统银行的最大不同就是"去中心化"。

在传统银行生意中，银行是借贷业务运转的中心，它接受存款、借
出贷款、处理抵押与利息。任何一家银行都有总部大楼、金库、柜
台以及庞大的金融 IT 系统，而威严的银行总部大楼象征着银行的
信誉。

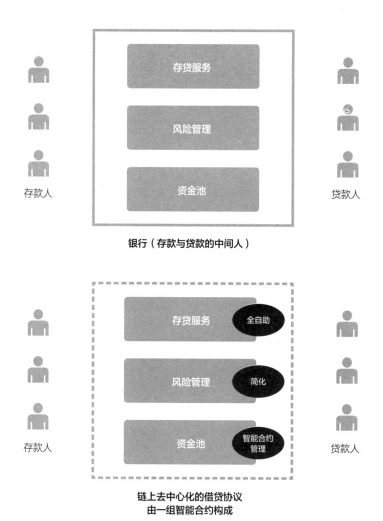

图 7-2　智能合约替代银行的金融中介角色

在区块链金融中做借贷业务，总部大楼、金库、柜台、IT 系统都不再需要，它们化身为区块链如以太坊之上的几个智能合约程序。这些智能合约在被部署到区块链之后，就不能再修改，部署它的人也没有任何特权。

特别地，这些借贷协议聚合起来的数字资产是由"智能合约"按规则保管的，无人可以干预、动用。如果一条区块链是安全的，且智能合约的代码是没有漏洞或后门的，则智能合约可以可信地承担资金管理的功能。这是区块链与智能合约的一个重要特性，也是借贷协议技术上的基础。借贷协议是建立在智能合约可以安全地、可信地做数字资产保管的前提假设之上的。

存款的人、贷款的人跟这些智能合约程序交互——存钱、取钱、贷款、还款。也就是说，区块链金融重新做借贷这个银行的经典生意的方式是，不再需要中心，一切都交给区块链上的智能合约程序。当然，并不是所有人都会直接与智能合约直接交互，多数人还是通过可视化的网页界面来与智能合约交互，但请注意，网页界面只是在智能合约之上增加的一层更人性化的界面而已。

Compound 上有三种用户角色，除了存款人、贷款人，还有清算人（liquidator）这一角色。当一笔贷款出现抵押不足（比如抵押物价格下跌），需要清算时，清算人可以替贷款人归还贷款，他们将以市场价格获得抵押物。如果抵押物在未来几天价格上涨，他们将因此获利。有了这样一个机制，存款人的资产安全和整个系统的资产安全就得到了保证：每一笔贷款永远有超额抵押。

传统的银行中通常并不需要这样的"清算人"的角色，因为银行自己承担了这个角色。但是，当一家银行的存款坏账过多时，也是有清算人角色的，资产管理公司接受银行的坏账，进行处置。通过引入清算人角色，Compound 将借贷业务中的所有角色都移到了链上。

正如"协议"这个词所暗示的，这个时候其实已经不再需要一个银行机构实体，各方依据协议所设定的规则进行交易。同时在这里，协议又变得具体起来，一个协议是编写、部署、运行在以太坊区块链上的一组智能合约。

我们来具体看看 Compound 中包括哪些智能合约。

Compound 这个借贷协议实现了像银行一样的存款、贷款功能，但它并不需要做建立一家银行的那些复杂的任务，它首先做的是，编写两大类智能合约程序。

第一类智能合约是主控程序，是一个所谓的"审计官合约"（Comptroller）。它是这家"银行"的风险管理部，根据用户的存款决定他有多少贷款额度。它记录评估一个用户需要多少抵押物，决定一个用户是否要被清算。每当用户与一个借贷市场互动时，审计官合约就会被询问是否同意这一交易。

第二类智能合约是针对每一类资产的借贷市场，比如"DAI 借贷合约""ETH 借贷合约"等。当一个用户要存入某种资产、借贷某种资产时，他就去跟相应的借贷市场智能合约交互。它里面用到一种特殊的内部通证，即所谓的 cToken，当你存入一种资产如 DAI，你将得到名为 cDAI 的相当于银行存单的存款凭证。

现在，Compound 有 9 个借贷市场，如果用一家传统的跨国银行做类比，相当于它分别为美元、日元、黄金等不同资金或资产各提供了一个借贷市场。具体到每种借贷市场，Compound 仅仅靠一个智能合约就实现了。一个特定的借贷市场智能合约实现了资金池保管、存款业务和贷款业务。如前所述，审计官合约在其上一个层次决定每个用户的贷款额度。

Compound 还有第三类智能合约，即它的治理通证 COMP 的智能合约。

我们仍以一家传统的银行做类比：银行会发行股票给股东，股票的总价值对应的是银行作为一家商业公司的股东价值。持有股票的股东每年可以获得分红。通过股东大会投票，股东能对银行的重大发展事项进行决策。股东可以把自己的股票转卖给其他人。

在区块链金融的世界中，大家可以成为一家借贷银行的股东吗？
Compound 用治理代币 COMP 让存款人、贷款人作为用户也在某种程度上成为它的"股东"。当然，这仅是一个类比，它和传统的股东内涵是非常不同的。

2020 年，Compound 开始用社区治理取代原来的团队管理。2020 年 2 月 27 日，它发布了《 Compound 治理》公告。4 月 16 日，新的治理方式上线，它的治理是通过 COMP 治理通证来实现的。它邀请 COMP 的持有者参与关于 Compound 发展方向的决策，这在区块链中通常称为"治理"（governance）。

它按贡献向存款人、贷款人发放治理代币 COMP。当你向 Compound 的一个借贷市场存款时，你实际上就是在为它提供流动性，当你向它借款时，你也为这个借贷市场的发展做出了贡献。

总结如上分析，如图 7-3 所示，Compound 主要由三个部分组成。

❯ 审计官合约（Comptroller），它是借贷平台的总控角色。

❯ 一系列借贷市场智能合约，它们运转着一个个借贷市场。这些智能合约也是 cToken 对应的合约。

❯ COMP 治理通证合约，掌控整个项目的治理权。向用户分配 COMP 由审计官合约完成。

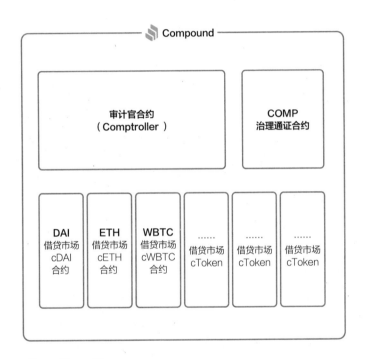

图 7-3　Compound 的三个组成部分

Uniswap 的结构与 Compound 是大体相似的，只是有其特定的名称，以第二版为例，其三类智能合约的名称分别是工厂合约、交易对合约、UNI 治理通证合约。

Yearn 的结构也是类似的，其三类智能合约的名称分别是控制员合约、资产池合约与策略合约、YFI 治理通证合约。

Uniswap 实现的机制有一些特别之处，我们这里简要介绍其中的亮点。对于普通用户来说，Uniswap 的兑换功能和界面相当简单直观：按市场价格，将一种通证（A）兑换为另一种通证（B）。而背后的实现原理却与我们过去所知的交易平台大有不同。它不是一个撮合平台，让用户在其上与另外的用户进行兑换，即所谓的 Peer-to-Peer 模式。在它上面，用户与兑换池（也就是流动性池）中的通证 A、通证 B 完成兑换，这是所谓的 Peer-to-Pool 模式。当用户要用通证 A 兑换通证 B 时，他将通证 A 放入兑换池，而按照某种价格取走相应的通证 B。

Uniswap 的独特创新是"恒定乘积自动做市算法"。假设兑换池中通证 A 的数量为 x，通证 B 的数量为 y。用户兑换后，通证 A 的数量变为 x'，通证 B 的数量变为 y'。所谓恒定乘积自动做市算法是，用户兑换前与兑换后，x 与 y 的乘积保持不变。

为了帮用户完成通证的兑换，Uniswap 整个平台中需要有两类用户：

> 第一类是普通的兑换交易用户，他们用一种通证兑换另外一种通证。

> 第二类是所谓的流动性提供者（liquidity provider，LP），他们向交易对的兑换池按规则注入一对资产，让第一类用户的兑换能够完成。

流动性提供者向兑换池注入资产时遵循的要求是：两种资产的价值相等，两种资产的汇率是当前市场价格。每次有流动性提供者向兑换池注入资产后，恒定乘积自动做市算法就会重新计算，得到一个新的恒定乘积 K 值。这些用户将获得交易费用作为自己的收益，现在为 0.3%。在 Uniswap 发行了治理通证 UNI 之后，它向其中一些交易对的流动性提供者发放 UNI 形式的奖励。

Uniswap 这个通证兑换协议运转的最小单元是每个交易对的智能合约：

> 每一个交易对，都有一个交易对合约实例。

> 每一个交易对合约，都管理着这个交易对的流动性提供者（LP）的资金。

> 每一个交易对合约都有一个自己的 LP Token（第二版是 ERC20 标准，第三版是 ERC721 标准）。比如，对于 ABC/ETH 交易对，流动性提供者获得 ABC/ETH LP Token 作为凭证。

当我作为流动性提供者提供一对通证组成的资产到流动性池时，智能合约会生成一些 ABC/ETH LP Token 给我。当我从流动性池取回自己的资产时，对应数量的 ABC/ETH LP Token 会被销毁。

通过对 Compound 借贷平台与 Uniswap 兑换平台的拆解，我们可以看到，通过精巧地组合智能合约和通证（包括资产通证、本金与利息通证 cToken、流动池份额通证 LP Token、治理通证），我们可以在区块链上实现原本需要复杂的经济、技术与社会组织才能实现的金融功能。在 2020 ～ 2021 年的两年间，DeFi 大繁荣让我们窥见未来价值互联网的模样。

治理通证的创新：组织协调与利益分享

也许你注意到了，这里出现的一个特别的事物是所谓的治理通证。未来元宇宙世界的组织协调与利益分享，可以从它的做法中得到一些借鉴。同时，治理通证也是我们下一章要讨论的新组织形态 DAO 的关键组成部分。

DeFi 协议的业务非常像互联网平台公司，用技术产品为用户提供服务，自身也获取一定的收益。如果按互联网平台公司的运行方式，它们的组织方式可能是：公司的股权属于创始人与投资者，公司的重大业务决策由董事会和管理团队做出。

DeFi 协议在两个方面都往前进了一步：公司的权益不是仅属于创

始人与投资者，而是同时属于所有的用户。很显然，将权益分配给所有的用户靠股权这种形式是不行的，因而它们都采取了所谓治理通证的做法。Compound 按照用户的存款、贷款金额与时长向用户分配治理通证，这带来的效果类似于，当我们作为客户在一家商业银行存款时，我们按贡献获得了微小比例的银行股权。当然，你要注意，治理通证在法律上并非股权。Compound 通过分发治理通证实现的转变是：将项目由团队管理，转变为由社区共同管理。Uniswap 稍后也做了同样的安排，并且，它还向在之前一定时间内使用过它的产品的用户每人追溯补发了 400 个 UNI 治理通证。

它们为何叫治理通证呢？这反映了这些通证的功能：你持有这些通证，可以参与项目重大事项的投票，决定项目的发展方向。以 Curve 交易平台为例，它的治理通证有两个功能：通过抵押治理通证可以增加自己在其上投资的收益比率；通过治理通证投票可以决定其内部的一些参数，也就是说，产品的重大决策是由持有治理通证的用户投票决策的。投票决策结果由程序运行，无人可以干涉。

克罗涅还进行了一个更加理想主义的尝试，也就是所谓的"公平启动"（fair launch）。其他项目的治理通证总有一定的比例预先分配给创始人、早期投资者，而 Yearn 没有预先分配治理通证给创始人，所有的治理通证都是按用户的贡献分配出去的，当然，创始人也因贡献获得了一定的分配。这其实是比特币系统开创的理想模型，计算节点为网络所做的贡献，所有的比特币都是根据贡献逐步分配给他们的，创始人中本聪没有预先获得任何比特币。

当然，这个做法过于理想主义，让创始团队及后续加入的核心团队的贡献没有得到相应的经济回报，引发怨言，并对长期发展形成障碍。2021 年 1 月，团队提出提案建议增发一定数量的治理通证，原来 Yearn 的治理通证一共有 3 万枚，提案建议增加 6666 枚，其中 33% 用于奖励核心团队，67% 放入项目的财库（treasury），供公司业务发展之用。投票结果是，83% 参与投票的用户支持这个提案[⊖]，Yearn 增发了 6666 枚治理通证。

在治理通证被"发明"之后，它甚至成为 DeFi 项目建立自己的网络效应的利器。其背后的逻辑很直接、易懂。治理通证的基础功能是让用户拥有部分所有权，并让用户拥有治理权。之后，治理通证在市场交易中有了市场价格，如果众人看好项目未来的发展前景则价格上升，如果不看好则价格下跌。

这些 DeFi 项目根据贡献向用户分发治理通证，实际上就是在向用户发"红包"，吸引他们来自己的平台，让平台的网络效应快速形成。这是互联网平台启动初期的常见做法，比如在滴滴出行发展初期，它与竞争对手竞相向司机、乘客发放现金红包，以尽快形成网

⊖　提案见 https://gov.yearn.finance/t/yip-57-funding-yearns-future/9319。投票结果见：https://snapshot.org/#/yearn/proposal/QmX8oYTSkaXSARYZn7RuQzUufW9bVVQtwJ3zxurWrquS9a。

络规模，超过对手。不同的是，这些 DeFi 项目发放的不是现金红包，而是可视为网络权益、有市场价格的治理通证。用户在获得治理通证奖励后，如果看好项目则长期持有，如果不看好也可以立刻卖出变为现金收益。

从 2020 年年中兴起的向参与者分配治理通证的做法，让很多 DeFi 项目快速兴起。但是，一些现象显示，治理通证还有一个残酷的优胜劣汰效果：如果一个项目业务健康、社区活跃、前景被看好，它的治理通证价格会持续上涨，这会形成正向循环，项目会变得越来越强大。而如果一个项目发展不顺甚至出现问题，它的治理通证价格会暴跌，用户会抛弃这个项目，让项目快速地被淘汰。这对于普通用户来说也可能是残酷的，你自己持有的治理通证可能一下子变得一文不值，你参与投票也无力改变项目失败的命运。

可编程带来可组合性：用代码连通起来

DeFi 这个金融之城里进行的试验和传统金融有很大的不同。我们来更深入地看其中的不同，尤其是"可编程性"。可编程，就是我们可以编写代码去操控变成数字的东西，各种各样的东西可以进行计算。

在区块链上，你可以借一笔款项，然后在几分钟或几十分钟后就归还。在传统金融的世界中，我们普通人很难向银行申请一笔只用一天的贷款，因为审批流程可能都比一天长。在银行间市场，由于有相应的机制和技术手段支撑，银行或金融机构可以实现隔夜借贷，以紧急补充资金。但时间粒度很难再进一步减小。

在区块链上，在极端设计中，你甚至可以在一个区块时间内完成贷款与还款，以太坊的一个区块间隔时间约为 15 秒。区块链中有一种特殊的贷款叫闪电贷（flash loan），如果你在一个区块的开始借入资产，在这个区块打包前归还资产，就可以在无须抵押的情况下借出几乎无限的资金。这是因为，在一个区块时间里完成借与还，实际上并未变更区块链账本中的整体所有权状态。因此，你可以在极短时间如几秒钟内拥有无穷多的资金。后面我们会看到，这是一个很有争议的创新。

在刚刚讨论 DeFi 金融产品时，我们实际上已经讨论到了 DeFi 金融产品的可组合性和可编程性。下面再换一种方式说一下 Yearn 这个类似于共同基金的产品。当用户把资产存入它的资产库智能合约之后，它让获得众人同意的策略智能合约自动地调度资产，把这些资产存入到其他产品中去，获得收益，并随时调整。因此，它的产品能够存在，是因为它可以运用整个 DeFi 生态中各种产品可以组合在一起的特性，这就是像积木一样的可组合性。这种特性也被形象地称为"货币乐高"（money lego）。

用户自己也可以参与这种组合。比如，你把一种资产存入 Compound，得到存单，然后，你可以把这些存单投入区块链上其他的 DeFi 协议，获得更多的投资回报。甚至，你还可以把在第二个协议中得到的类似资产凭证的东西接着存到另一个协议中去。这些 DeFi 协议是运行在区块链上的代码，我们可以用网页界面与它们交互，就像用户使用传统银行的网银 App 一样。如果你会编写代码，你可以自己编程与这些接口直接交互。

这种近乎无限的可组合性是 DeFi 金融快速成长的原因。生态中有众多的模块，不断有创新者发明新的模块替换不好的模块。这些模块又可以组成大一点的创新模块或产品。由技术模块组成的整个生态开始像有了生命一样疯狂生长。技术创新方面的重要研究者哈佛商学院教授卡丽斯·鲍德温（Carliss Baldwin）、哈佛商学院前院长金·克拉克（Kim Clark）曾经出版著作《设计规则：模块化的力量》，他们对信息技术的发展逻辑和根本驱动力的总结就是模块化。

在软件代码等领域，我曾经深入体会过模块化的力量，而在 DeFi 极致的模块化中，我看到它近乎疯狂的生命力。

有人可能想：你怎么能用"疯狂"这样极富情感色彩的词呢？这是因为，接下来我要讲述的这个案例是疯狂的：黑客利用 DeFi 可编程性、可组合性的特性，利用漏洞在几秒钟内盗取了 1.3 亿美元资产（见图 7-4）。我们反对黑客这样的违反社会规则、触犯法律的行为，讨论这个过程是想让你看到这其中被黑客恶意利用的技术特性。如果能正向利用这些特性，创新者可以创造出优秀的产品和应用。

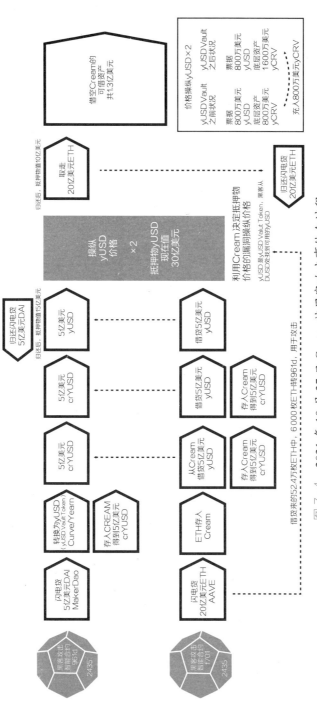

图 7-4　2021 年 10 月 27 日 Cream 被黑客攻击事件全过程

2021 年 10 月 27 日，一个功能相当于广义的银行、名为 Cream 的 DeFi 金融产品被黑客卷走 1.3 亿美元的资产。它提供给客户的功能是，可以存入资产获取利息，也可以接着支付利息、贷出资产，这 1.3 亿美元是它几乎所有的客户资产。说它是一家广义的银行是因为，你不光可以存入现金，还可以存入比如某家公司的股票，又或者其他机构开出的有抵押物的凭证。

为了便于理解，我们还是用打比方的方式来说明黑客利用的漏洞。有一家金匠工坊，客户向它存入黄金，它则开出凭条说，凭此可以兑换黄金。假设这家金匠工坊存有 100 千克黄金，1 万张凭条对应着这些黄金，每张凭条值 10 克黄金。正常情况下，有人存入黄金就开出新的凭条，有人取出黄金就销毁对应的凭条。

黑客做的是，他往金匠工坊的金库里塞入了 100 千克黄金，这带来的后果是：现在，一张凭条值 20 克黄金。你可以在 Cream 存入这种黄金凭条，再以此为抵押找它贷款。漏洞在 Cream 那里，它会错误地认可黄金凭条价格的翻倍暴涨。

在恶意操纵价格之后，黄金凭条的价格翻倍，这一刻黑客名义上在这家机构有 10 亿美元的存款。黑客以此为抵押，借空了这家机构的全部资产。简单地说，黑客玩了一个操纵价格的把戏。

我想你的下一个问题是：在这一刻黑客怎么能在这家机构有数以亿计的存款呢？黑客利用的是闪电贷。一直以来，DeFi 的闪电贷是一个有争议的产品。支持者认为，它让创新者不必考虑资金的限制，从而进行各种创新。反对者认为，闪电贷屡屡被黑客利用，应当对这个产品形态做出限制。我们暂且放下这个争论，来看看整个攻击过程。

黑客（地址后四位 2435）编写了两个智能合约程序进行攻击，第一个下称 961d 程序（智能合约地址的后四位），第二个下称 f701 程序。

利用第一个 961d 程序，黑客在毫秒级别的时间内做的是：他利用 MakerDao 的闪电贷短时借出 5 亿的美元稳定币 DAI，5 亿美元 DAI 先被存入 Yearn 变成了 5 亿美元 yDAI，然后存到 Curve 变成 5 亿美元 yCRV。然后，他将这些 yCRV 变成 yUSD，再存入 Cream，拿到代表 5 亿美元的 crYUSD 存款凭证。

利用第二个 f701 程序，黑客做的是：他利用另一个借贷平台 AAVE 的闪电贷借出 20 亿美元的 ETH 资产（52.4 万枚），将这 20 亿美元 ETH 存入 Cream。然后，他以此为抵押物，分三次（每次 5 亿美元 yUSD），共借贷了 15 亿美元 yUSD，其中 10 亿美元再次存入变成 crYUSD 凭证，5 亿美元保持原状为 yUSD。借出 15 亿美元后，他还有 5 亿美元抵押物。另外，黑客还从第二个 f701 程序向第一个 961d 程序转了 6000 枚 ETH，以供在后续攻击中使用。

黑客取走 5 亿美元，归还了 961d 程序的 5 亿美元闪电贷。

这时，黑客的第一个 961d 程序在 Cream 这里有 15 亿美元名为 crYUSD（可看成与 yUSD 相同）的抵押物。

接着，他利用漏洞展开攻击，也就是操纵 yUSD（同时也是 crYUSD）的价格，将之变成原来的两倍。现在，虽然黑客第一个 961d 程序只有 15 亿美元抵押物，但 Cream 错误地认为它有 30 亿美元的抵押物。

黑客接下来做的事情就很简单了：他取走 20 亿美元 ETH，归还 f701 程序的闪电贷。

这时，黑客的第一个 961d 程序在 Cream 系统中总共还有 10 亿美元的抵押物。黑客以此借空了 Cream 的所有客户资产。这一切就发生在数秒内。

到目前为止，被盗机构、安全公司和白帽黑客仍在努力追踪黑客以挽回损失，重建正义。

如果进一步深挖，黑客在攻击过程中还利用了其他 DeFi 产品来进行资产的转换，在攻击前还利用了一些匿名产品以隐匿姓名、隐藏行踪，在攻击成功后又通过复杂的操作将资产转走、逃避追踪。我们就不一一讲述了。我想，以上介绍足以让你从黑暗的一面感受到可编程性、可组合性的力量。在整个过程中，黑客用编程的方式在数秒内组合利用了如下的产品或功能：MakerDao、Curve、Yearn、Uniswap、AAVE 以及最终被攻击的 Cream。技术的力量是强大的，众多功能强大的技术模块组合起来则更为强大，但正如这个例子所展示的，技术的力量如果被反向利用将带来灾难。

[专栏] 编程能力是元宇宙时代的听说读写

我们即将进入实体与数字融合的新世界，在新世界中，编程能力是听说读写这样级别的基本能力。不能夸张地说，不会编程你就是"文盲"，但不会编程，你在数字世界会活得不那么高效。

现在你当然可以利用程序员的成果——已经完成的软件产品。一代代软件产品都在持续改善用户体验，降低你使用的门槛。现在你使用手机上的 App 就跟用家用电器一样平常。但是，如果愿意接触编程，你会开启一扇通往更大世界的大门。

编程不是什么难事，现在很多人在中小学阶段就接触了，而大学阶段编程是基础课程。现在在中国，一些机构甚至将编程教育带入少儿领域。我说的编程并不是指你要成为程序员，更不是一下子成为顶级的程序员，而是指一步步努力更深入地利用代码与编程。

第一步，利用软件的复杂功能，并扩展到使用其中的脚本代码。

在日常工作中，表格软件 Excel 是必备工具。如果你往前一步，掌握筛选、排序等和数据有关的功能，你可以更好地完成任务。如果你能够用简单的公式，比如求和与平均、条件显示，或更进一步编写复杂公式进行建模，那么你能制作出更好用的表格。如果你能够编写 Excel 的脚本甚至用 Python 编程语言程序与它协同工作，你的 Excel 将变得非常强大。如果你愿意利用更复杂的工具，你将如虎添翼，比如为了查询区块链的数据并生成图表，我们可以将数据导入 Excel 制作图表，但我们常用的工具是一个名为 Dune Analytics（沙丘分析）的在线工具，我们用数据库查询 SQL 语言编写脚本，方便地在浏览器中显示实时图表。

如果你能够稍稍利用代码的力量，你的个人电脑也可以变得很强大。当旅游归来，你可能要将大量文件按规则改名，比如将照片的名字从"DSCF1587.JPG"变成"1587-20211201-Beijing.JPG"，编写一个脚本进行处理肯定比一个个手工修改要方便。如果要缩小图片文件并加上 LOGO，巧妙地编写脚本同样可以方便地做到。甚至，你可以进一步编写脚本与电脑中的 Photoshop 软件协同，由软件执行使用其内部功能的图片调整操作，再自动上传到你喜欢的旅游图片社交网站。如果你使用苹果的电脑，它提供的自动操作（Automator）就可以帮助你。如果你要自己定制功能，你可以编写 AppleScript 脚本或命令行脚本。在 Windows 电脑上你同样可以在一些软件的支持下实现这些功能。

现在很多人习惯于用手机，而不愿用相比而言有些笨重的电脑，这其实是自己关上了编程的门。我们每天都在上网，而如果用电脑上的谷歌 Chrome 或微软 Edge 浏览器上网时，我们可以进行大量的定制。简单的如调整浏览器设置，安装扩展第三方功能插件，比如如果使用区块链，你会用到名为 MetaMask 的钱包插件。我们也可以在别人程序的基础上改写简单的功能插件，满足自己特定的需求。更进一步，我们可以使用诸如 Tampermonkey 这样的用户脚本工具，让自己的浏览器可以执行复杂的操作。打开浏览器的控制面板（Console），我们可以直接编写、运行 Javascript 程序处理网页上的信息。

如果你用的是一个可编程的软件空间，你可以做很多事。你可能在一些微信群中看到过机器人，这是有人通过编写程序绕过微信的限制，在有人进群时由机器人说句欢迎的话。如果一个软件开放了编程的限制，你可以做更多的事，比如游戏用户在用的 Discord 聊天工具，它提供了开放程序接口，你可以编写程序实现复杂的逻辑——谁有资格加入某个频道，用户发言后自动给用户发积分，用户可通过聊天发出命令让程序去查询和做出回复。

其实，整个互联网甚至整个数字世界都是可编程、可组合的。你可以简单地组合市面上的技术工具或模块实现如下功能：当你收到一个重要客户的电子邮件，其他工具自动拨打你的电话通知你。

上面描述的涉及很多你熟悉的产品中的陌生功能，我是想通过这样的方式告诉你，如果能够抵抗住对于陌生技术工具的恐惧，往前稍稍走一步，你就会找到更好地利用这些产品让自己在数字世界中生活得更好的方式。

第二步，掌握几种编程语言和熟悉一些运行环境。

接着用 Excel 来说明。当你编写函数或者编写 Visal Basic 脚本时，你其实就是在用较为简单的编程语言，运行的环境是 Excel 软件。而当我们用 Python 语言来编写代码操作 Excel 中的数据时，我们用的是通用一点的编程语言，运行环境是个人电脑里的 Python 运行环境。

当我们在通用云服务器如亚马逊云（AWS）或 Vercel 这样的专用型服务器上编写和运行 Node.js 的网页应用程序时，我们用的编程语言后端和前端都是 Javascript 编程语言，运行环境分别是服务器和用户的浏览器。

在以太坊区块链上，我们可以用 Solidity 编程语言编写智能合约代码，实现想要的业务逻辑，最终让它运行在以太坊虚拟机（EVM）这个环境之中。当然，这并不容易，你会遇到一系列不那么熟悉的工具，比如在这里接触到的一系列编程工具，如 Truffle 开发套件、OpenZeppelin 代码库、Web3.js 接口库、Ganache 本地测试链等。

当你迈出这一步时，你就不再是稍稍定制一下软件产品的"用户"，而开始往"生产者"的角色转变。在一开始，你编写的程序可能只有你自己一个用户，但你已经走向了数字世界最典型的角色——产消合一者（proconsumer），你既是生产者又是消费者。

当然，不要以为后面的路很容易，编程实现优秀程序的路上还有无数的高山等着你翻越，编程实现优秀的系统产品则更复杂。如果你想走这条路，有一本经典著作推荐给你《程序员修炼之道：通往务实的最高境界》(*The Pragmatic Programmer*)。

在过去十多年里，在编程这个事上对我最有帮助的一句话是："你可以自己编程啊！"十多年前移动互联网刚刚兴起，我处在"我们有一个伟大的点子，就缺一个程序员"的状态，当然，我们幸运地找到了一组非常优秀的程序员。在团队开发的过程中，我依然发现难以找到足够多的能在苹果手机 iOS 操作系统上开发 App 的程序员，在跟我的一个程序员高手朋友抱怨时，他说："你有编程基础，也一直自己写程序玩，你可以自己编程啊！"我这么做了，重新学了 Objective-C 语言和 iOS 编程环境。此后，随着数字世界的扩张，各种各样的新空间不断开启，对于新出现的编程语言和运行环境，他的话让我乐于一次次去学习与尝试，偶尔编写一些好玩的程序。这样半业余的编程并不会让我成为顶级高手，但我知道这条路通向有趣的未来。

第三步，把编程视为自己的专业，全力去钻研、去实践，用它去实现惊人的功能，去创造优秀的产品。

第三步是通往专业人士的阶段，不属于我们这里要讨论的范围了。但我想，对于多数人来说，走出编程的第一步，再努力走出第二步，掌握数字世界的基础"听说读写"能力是必须的。

"你可以自己编程啊！"

元宇宙第六块基石

自组织

第八章

DAO, 未来的组织

经济学家汪丁丁出版的一本书的书名

自由人的自由联合。

08

迪伊 · 霍克
维萨（VISA）创始人

在未来的组织中，应有一个明确的目标指向以及
一系列健全的原则，在它们的指导下，能迅速达
成许多特定的短期目标。

在中国，曾经每个人都属于一个"单位"。现在，城市里大多数人都在各自的公司里工作。在一个公司的屋檐下，众人共同生产与创造价值。但近些年，有一些微小的变化在发生，微信或抖音上的自媒体人并不是腾讯或字节跳动的雇员，滴滴司机或美团骑手也不是背后互联网平台的雇员。

新的变化还在继续涌现，最新的变化则是初看颇令人费解的所谓DAO（去中心化自治组织，Decentralized Autonomous Organization）。近年来，区块链领域内众多技术项目纷纷在进行社区化改造，将自己变身为 DAO，并利用技术工具来进行协同、决策以创造价值。当我们开始生活在实体与数字融合的新世界，DAO 可能意味着未来的组织形式。要理解未来，让我们再回到历史中去，尝试找到从过去向未来的那条线。

组织的变迁：从市场，到企业，到平台，到社区

在《公司的概念》1983 年版前言中，管理学者彼得·德鲁克回顾

自己这本最早出版于 1946 年的著作，他写道："40 年前，此书写作之际，人们几乎还没有注意到公司。"到了 20 世纪 80 年代，公司变成了社会中最重要的组织机构之一。的确到了这个时期，与同样重要的政府部门、医院、学校相比，公司是创造社会经济价值的主要组织。

公司带来的一个变化是，我们作为个人属于哪儿？德鲁克清晰地描述了变化，"在所有发达国家中，1983 年的社会已经成为一个雇员的社会"。而在 20 世纪 40 年代的社会上，多数人是自我雇用者，比如农民、工匠、律师、医生或小店店主。

那么未来呢？德鲁克对于未来（其实也就是我们所处的现在）的判断有一个被公众熟知的观点：知识经济与知识工作者（knowledge worker）。知识工作者和公司的关系与工人和工厂的关系是大不一样的，他当时预测，"受过高等教育的人将会成为自我雇用者"。40 年后，他的预言开始有了一点现实的迹象：一小部分知识工作者开始脱离公司。

从诺奖得主、经济学家罗纳德·科斯的交易成本理论中我们可以绘制出一个更简明清晰的组织形态演变路径。我将之总结为"从市场，到企业，到平台，到社区"。

在 1937 年发表的经典论文《企业的性质》中，科斯用交易成本理论对企业的本质加以解释：由于使用市场价格机制的成本相对偏高，因而形成企业机制，它是人们追求经济效率而自然形成的组织。之前，农民、市民、工匠在市场上直接交易，用市场交易进行协同。之后，他们成为公司的雇员，公司组织内的命令与控制可以更高效地协同生产。

我专门把《企业的性质》找出来，看看科斯 80 年前是以什么样的语言说的。在他看来，经济学家承认有两种组织经济与活动的工具：价格机制协调工具、企业组织协调工具。他指出："市场的运行需要成本，而组成组织，并让某些权威人士（如企业家）支配资源，如此便可节省若干成本。"企业成为经济生活中的主要组织形式的原因是，"企业这个概念的引入，主要源于市场运行成本的存在"。这就是所谓交易成本理论，它解释了企业的性质，还可以解释之后更多的变化。

在之后的几十年，我们看到大型公司变得越来越大，它们为了追求经济效率甚至将产业链的每个链条都纳入自身内部。随后又有一些校正，很多大型公司如波音、耐克等转向关注核心能力和最终产品，而把一些生产过程交给协作企业去完成。这背后的决策依据依然是科斯提出的交易成本：如果放在内部交易成本低，就在内部；如果放在外部交易成本低，就在外部。到这时，在现代经济中，大型企业是资源配置和商品生产的组织者，在一个个产业生态中扮演着关键角色。

当互联网特别是移动互联网时代到来后，互联网平台大量涌现。互联网平台虽然表面上看仍然是一个个巨型企业如阿里巴巴，但它们组织生产的方式与之前的企业有很大的不同。以滴滴为例，滴滴搭建了一个提供叫车服务的出行平台，把司机和乘客连接到一起。但是滴滴并不拥有一辆车，也没有雇用一个司机，它承担的角色是我与程明霞等在《平台时代》[⊖]一书中总结的互联网平台三角色——连接、匹配、治理。

互联网平台将经济的主流组织形态再次向交易成本更低的方向推进：在互联网技术与产品的支持下，让司机作为自我雇用者接入平台为用户服务，而不是作为公司雇员，这样做可以让交易成本进一步降低。实际上，让司机等成为公司雇员根本不是选项，没有哪家公司能够雇用上百万的司机、几百万的外卖骑手。类似地，对于互联网内容平台来说，多数用业余时间工作的内容创作者如微信公众号作者、B 站视频 UP 主、抖音网红更不可能成为平台雇员。我们现在处在一个互联网平台的时代。

那么，如果组织要进一步向更低交易成本的方向演进，它会变成什么样呢？几年前，人们开始认识到，用经济利益纽带联系起来的社区（也可称经济社群）可能是新路，它能够进一步降低众人协同的成本，如图 8-1 所示。但当时，人们尚在消化从企业向平台的转变，人们大受震撼之后慢慢接纳这一现状：互联网平台用技术工具支持买卖双方的连接与匹配，并获取巨额的利润。人们无暇仔细关注新的从平台向社区转变的可能性，当时也没有多少有说服力的案例，人们也有很多的疑问。

⊖ 已由机械工业出版社于 2018 年出版。

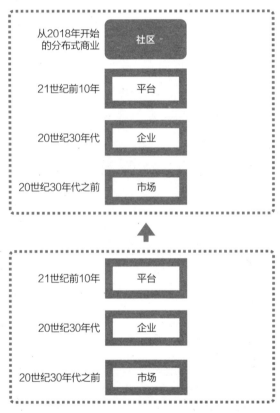

图 8-1 交易成本驱动从平台向社区的转变

向社区转变的三个疑问与解答

我将人们的疑问转换到支持社区的一方来发问，并用案例来进行讨论。

第一个问题，众人必须是一家公司的雇员才能协同起来创造优秀的产品吗？不，社区也可以。

根据 W3Techs 的统计数据，截至 2021 年年底，互联网上 Linux 操作系统服务器使用占比为 38.9%，而微软的 Windows 服务器使用占比为 21.9%，微软在过去十年的比例在持续下降[⊖]。微软依然是最大的科技巨头之一，而 Linux 是一个开源软件，由社区成员志愿开发与维护。世界上并不存在一家 Linux 公司，参与开发的程序员不是它的雇员，他们的角色是社区的贡献者。

如果你是一个程序员，你可能在日常工作中已经了解，互联网的基础软件绝大部分都是由社区维护的开源软件。我们日常用的很多软件也是由社区维护的。你手机的 Android 操作系统是谷歌基于 Linux 内核开发，然后开源给手机公司使用的。有时，关系会很复杂，微软的网页浏览器 Edge 是基于开源软件 Chromium 内核开发的，而这个开源软件是由谷歌贡献给社区并由社区共同维护，同时谷歌的 Chrome 浏览器也是基于这个开源代码的。

开源软件领域的事实现在至少告诉我们，对于互联网上的软件而

⊖ https://w3techs.com/technologies/comparison/os-linux,os-windows.

言，由社区开发的软件在产品质量、用户量、长期发展前景等方面绝不逊色于大型科技公司的产品表现。多数时候，实际使用这些产品进一步开发自己的应用的工程师们会认为，开源软件更开放，可以做更多进一步开发，他们认为开源软件质量更好。

第二个问题，能有办法让平台的参与者获得平台公司的股权权益，从而享受平台的长期成长收益吗？一些采取独特机制的社区可以。

设想一下，美团外卖的骑手能否也获得一点点公司的股权或期权，使得他们能在美团公司市值快速上涨的过程中也分一杯羹？现在，互联网公司的员工期权已经能发放到每个员工，让员工能够跟公司一起共享价值、共担风险。但是，将期权扩展到平台参与者中的其他角色，比如外卖骑手、滴滴司机，还有很大的观念障碍与法律障碍。

正如我们在讨论 DeFi 时看到的，Compound 借贷协议将自己的治理通证分发给了自身平台的存款人、贷款人，这些用户一起共享价值与共担风险。当然我们尤其要注意，用户不只是共享价值，也共担风险。如果 Compound 被其他新产品超越或自身出现问题（如被黑客攻击），治理通证的持有者会承担损失。

再设想一下，亚马逊云（AWS）能否也变成像滴滴一样的连接供给方与需求方的平台，也即，它不是自己购买与部署大量的服务器以满足云服务客户的计算需求，而是由众多的参与者共同提供服务器、运维计算网络？

以太坊区块链网络就是以这样的方式运行的，任何人都可以将符合要求的计算机接入网络，贡献计算能力，获得代表以太坊网络权益的以太币（ETH）作为回报。以太坊区块链网络的组成形式是一个参与者因经济利益的吸引而加入组成的社区，设备属于每个参与者自己。我们前面比较过，以太坊网络的市值是亚马逊总市值的1/3，可认为以太坊市值约与 AWS 相当。与 AWS 是一家雇员人数与自有设备规模都很庞大的大型公司不同，以太坊是由非营利性质的以太坊基金会和一群志愿的开源软件开发者开发的。

第三个问题，如果人们不在一个办公室屋檐下每天碰面，能否高效地协同？能。

以前，一些硅谷公司有在家远程工作（work from home）的安排，比方说员工每周可以有一天在家工作。我们很多人也羡慕37signals 这家小而美的软件工具公司的做法，创始人贾森·弗里德在备受好评的《重来》系列书中告诉我们，他公司的几十个员工分散在全球各地，在各自的客厅或咖啡馆办公。但我们又倾向于认为，这是特例。要高效协同干大事，我们还是要每日齐聚在灯火通明的办公室里。

2020 年开始的新冠肺炎疫情彻底改变了这种看法。硅谷的大型科技公司全员都回家远程办公，效率并没有降低。2021 年 6 月，谷歌 CEO 桑达尔·皮查伊发送全员邮件宣布，接下来，谷歌办公室办公和远程办公并行，员工可以申请永久远程办公。据两个月后的报道，谷歌的 13.5 万员工中有 1 万人提出申请，8000 多人已开始永久远程办公。在中国，情形是类似的，我们已经习惯了在腾讯会议软件中开电话会议，而不再认为开会就意味着坐在同一间会议室。

而对某些公司来说，分布式办公可能是非常彻底的。比如，据 LatePost 报道，Binance 的 CEO、加拿大华人赵长鹏现在绝大多数时间待在新加坡一个不到 10 平方米的小房间里，以在线会议的形式连接分布在全球 60 多个国家与地区、多数在家远程办公的近 3000 名员工。从人数上讲，Binance 不算是一家小公司，从市值上讲更不是，它的市值在 2021 年 11 月为 1088 亿美元。要注意的是，我们虽然用了公司这个词来说 Binance，但在法律意义上很难说它是一个跨国集团，而更像一个围绕一些业务组合起来的社区。原来，办公大楼并不是"公司"必需的。

2016 年，我们沿着科斯的交易成本理论推导出"从市场，到企业，到平台，到社区"，但那只是一个对未来的设想。现在，我第一次感到向社区转变的趋势真实地扑面而来。

但是，还是有很多问题待解决，而其中最重要的一个是，社区是如何组织在一起的？ DAO 可能给出了解答。

用 DAO 的形式实现社区：关键是内部资本

说公司时，我们每个人都明确它的法律含义，如股东的有限责任与权益，也知道如果自己是雇员时与它的关系，我们也习惯于公司里的管理层级、命令与控制——"我汇报给谁？"

说社区时，我们看到的东西非常模糊。但现在，DAO 让原本模糊的东西逐渐变得清晰。DAO 比社区的范围要窄一些，它的定义、边界仍在快速变化，但我们已经可以断言，下一代组织是在 DAO 之上迭代形成的。

DAO 不是一个新概念，只是近年来获得这个新的名字。我们讨论的维基百科可以算是 DAO，但又缺少一个核心的要素。我们来往下看 DAO 是什么。

维基百科在两个主要方面都与公司不同，我们这里仅讨论参与内容编辑的人与核心团队，而暂不考虑普通读者。

第一个不同是，一群人以某种结构组织在一起，完成一个目标。内、中、外三圈人共同维护一本互联网上的百科全书。在内核处，维基基金会引领着它的长期目标；在中间，核心团队进行技术开发与规则维护；在外圈，编辑参与词条的编写。组织的运转方式不是"自上而下"的命令与控制，而是按照规则进行的共同决策。维基百科的运转不是靠命令关系的协同，而是靠共同形成并迭代的规则。

第二个不同是，组织的权益不属于创始人与股东，而是属于所有参与者。当然，正如之前讨论的，维基百科没有正面应对这个问题，而是将自身完全贡献给了公共领域。它属于所有人，自然也包括社区成员。

公司应该属于谁，这是一个问题。在多数人看来，股东价值思潮即公司属于股东是毋庸置疑的。而我在人类学家何柔宛（Karen Ho）的《清算：华尔街的日常生活》中读到一章清晰的历史演变梳理与雄辩的讨论，她告诉我们，"（现代企业属于股东这一叙事）混淆了历史事实，冒充着美国企业的正史，从而拒斥企业历史的复杂性和公司形成的多元成分"。所有权不一定只能属于股东，这个观念解放很重要，有了这个认知后才有下面的讨论。

值得插入说一下的是，很多人常有一个误解，认为 DAO 不需要企业家精神与领导力，它的名字里面带着"去中心化"的字样。其实并非如此。维基百科创始人吉米·威尔士和后来历任的基金会领导者都在其发展中发挥了巨大的作用，他们体现了从无到有构建伟大事物的企业家精神、创新精神，也展现了引领众人达成目标的非凡领导力。在 Linux 操作系统的开发中，林纳斯扮演了同样的角色。在以太坊的开发中，创始人维塔利克也是同样的角色。

从公司组织向社区组织的转变，维基百科的做法是：一方面，它采取了技术支撑下大规模协同机制，另一方面，它规避了所有权属于谁的问题。之前我们讨论的开源软件也采取了类似的做法，Linux

由社区开发，同时它是开源的、属于所有人的。

这就带来一个关键问题，由于避开所有权，社区型组织永远无法成为经济社会中的主要形式。产权或所有权是比经济学还要古老与牢固的人类社会基本原理。维基百科与 Linux 有它们的独特性，它们是对整个世界影响巨大的事物，声称它们属于所有人不会减弱人们为之贡献的动力，人都有参与伟大事业的冲动。但是，在一个经济社会中，避开所有权的问题并不总是好的选择。

在走向社区化的路上，所有权是一个要解决的问题，我们渴望好的解答。

DAO 提供了一个好的解答，并且这个解答迄今为止在区块链业界已经进行了众多的尝试，证明它一定程度上的有效性。2014 年 5 月，维塔利克撰写了一篇文章《DAO、DAC、DA 及其他：一个不完整的术语指南》，在这篇开创性的分析中，他清晰地界定了 DAO（去中心化自治组织）。文章标题中，DAC 是去中心化自治公司（decentralized autonomous corporations）的缩写，DA 是去中心化应用（decentralized applications）的缩写，也可按现在的方式缩写为 DApp。

按我的理解，他的核心贡献是区分了组织（DAO）与应用（DA），如图 8-2 所示。他让我们看到，首要重点不是组织方式，而是所有权。维基百科是一个去中心化应用，而当时涌现的区块链应用包括后来兴起的以太坊是去中心化自治组织，两者的差别是所有权。

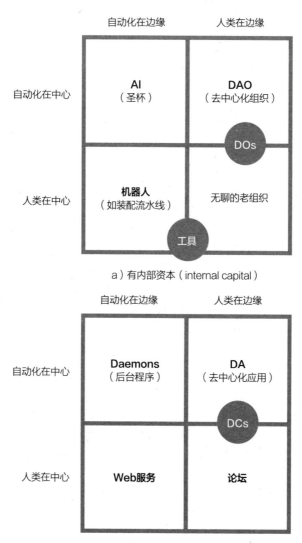

a）有内部资本（internal capital）

b）无内部资本（no internal capital）

图 8-2　DAO 是有内部资本的、按规则运行的组织

社区的参与者如何拥有所有权呢？维塔利克和众人在区块链领域中进行的实践都是，引入内部资本（internal capital），无则是去中心化应用，有则是去中心化组织。社区参与者通过持有内部资本掌握一定的所有权，凭借内部资本去参与投票影响重大决策。让一个社区拥有内部资本的方式，用现在区块链领域内的通行做法，就是给他们治理通证。

当一个社区有了内部资本后，我们作为社区参与者与之打交道的方式会发生一些有趣的变化。之前，我们为之做贡献，可能是出于利他的理想主义，我们也可能想在社区的管理金字塔上爬升，想拥有更多的影响力。有了所谓的内部资本后，我们每一次的贡献都被量化，获得一朵小红花或获得社区权益总量的一亿分之一。同时，我们不仅可以属于一个社区，也可以在多个社区里做贡献，分别获得这些社区的内部资本。

区块链账本与智能合约让 DAO 从技术上可以实现。一方面，区块链账本可以用来记录与管理所有权，社区参与者可以通过持有通证从而获得所有权。另一方面，项目治理的规则可以编码为智能合约，实现按规则的或更严谨的"代码即规则"（code is law）的执行。

有了这样的认识后，我们再回看去中心化金融领域中的项目，就会看到一些早已经存在的事实。以 Compound 借贷协议为例。

首先，它是一个自称"协议"的去中心化自治组织，社区成员通过持有 COMP 治理通证而拥有它。社区成员对它的权利与义务很像股东对有限责任公司的权利与义务，也即不必承担自己投入之外的义务。美国怀俄明州最近通过了一项法律，授予在区块链上运营的 DAO 合法的有限责任公司地位。

其次，Compound 为用户提供了去中心化应用（DApp），用户可以通过 app.compound.finance 访问使用，也可以通过编程接口与区块链上的智能合约进行直接交互。也即，现在的每个去中心化金融应用实际上都是"应用 + 组织"。它的表面形态是这样，背后运作机制也是如此。应用是由组织管理的，社区参与者可以共同决策。

到这里，我们了解了 DAO 的一些关键概念，并了解到，其中最关键的是所有权：

> 人们创造 DAO 是为了让社区参与者共同拥有，每个社区参与者拥有整体的一部分所有权。

> DAO 与公司的区别在于所有权和管理治理方式两个方面。所有权更为基本，它决定着管理治理方式。

> DAO 与之前我们看到的社区的区别是，它通过内部资本让参与者能持有所有权。具体到区块链行业，是用项目治理通证

来落实内部资本。

> DAO 的所有权以及与所有权相连的财务收益、治理权力，可以用区块链账本与智能合约来实现。DAO 是运行在智能合约上的组织。

接下来，我们在此认识的基础上去探讨各种支撑 DAO 的技术平台、DAO 实践案例以及 DAO 的运行逻辑。之前，我和很多人都过于纠结于 DAO 这个名词的"去中心自治"部分，而重点去关注管理、协同与治理方式，却没有注意到所有权才是去中心自治的基石。自组织的关键，是所有权。我们本不该走这样的弯路，因为我们都早已知道，产权是市场经济的基石。

我们曾经绘制了一张图来阐述在元宇宙的界面（增强现实、虚拟现实、游戏、社交等）之下，区块链技术基础设施所提供的支撑性功能，如图 8-3 所示。区块链技术可用于建立开放交易市场（如《阿蟹游戏》的道具交易市场），再接着往里看，我们看到的是所有权机制、基于内部资本的经济互动、基于内部资本及协同社区共治。这整个系统是面向创造者的，我们作为创造者在其中工作与生活，并因创造与贡献而获得相应的回报。

我们还可以换一个角度看区块链和元宇宙的连接。这是三个越来越常见的词——通证（Token）、NFT、DAO。可互换的资产如资金、股票，用遵循 ERC20 标准的通证表示，通常人们直接称之为通证。不可互换的财产与物品则用遵循 ERC721 标准或 ERC1155 标准的通证表示，通常人们称之为 NFT。人类的组织与协同，则演变为了基于智能合约的 DAO。

图 8-3　元宇宙界面之下的区块链技术与 DAO

DAO 的发展简史与主要类别

历史上，DAO 的发展并不是一帆风顺的，甚至在一开始它几乎被意外事件击垮。

2016 年 4 月 30 日，第一个知名的 DAO 推出，名字就叫 The DAO，它类似于常见的风险投资基金，集聚资金对外投资。它在以太坊区块链上进行的众筹大获成功，以当时价格计，募集的资金高达 1.5 亿美元，是当时最大的众筹。但 6 月 9 日意外发生了，它的智能合约有漏洞，约 1/3 的资金被黑客盗取。在解决这个黑客事件、从黑客手中夺回资金的过程中发生了巨大的争议，甚至导致以太坊区块链网络分裂为两条链、两个社区。

在相当长的时间里，这一意外使得区块链业界的人对 DAO 这种依托于智能合约的组织形式心存疑虑，尤其是资产管理型的 DAO 很久之后才再次出现。

但是，关于 DAO 的尝试不会停止。早期的每个区块链技术项目都可以看成一个开源软件生态，同时，这些开源软件生态内部又有像比特币、以太币这样的所谓内部资本。它们接着在开源软件的组织模式上往前演进，用内部资本来让社区协作更加有效。软件开发者为以太坊系统软件做出贡献，可以从基金会获得内部资本奖励。以太坊的计算节点参与网络运行，以工作量证明的机制获得内部资本奖励。这些内部资本可看成是生态的所有权凭证。当参与者获得了这些所有权凭证之后，所有人自然地想进行下一步的探索：如何设计机制让参与者能参与项目的管理与治理？众多参与者有了所有权，才自然地讨论起去中心化治理的问题，而不是相反，有人为了去中心化治理而去分配所有权。

在区块链业界，DAO 的概念在逐渐明确。我尝试着总结如下：

> DAO 是由去中心化的区块链上的智能合约代码协调运转的组织（虚拟实体），它存在的目的是运行一款产品（通常为一个区块链协议），它拥有一组特定的成员或股东（通证持有者），多数成员按规则决策以修改产品参数与代码、处置实体的资金等（参与式自治）。

更简单地说，DAO 是基于智能合约的组织。

决策规则可以是一股一票、一人一票等各种形式。通常，这些 DAO 的技术产品代码是开源的。参与者以 DAO 的形式聚集在一起，他们的终极目的与人们组建公司是相似的：创造价值，通常是通过创新产品创造巨大的价值。

MakerDao 通常被视为早期 DAO 的典范。2017 年 12 月，它以 DAO 的形式推出了抵押 ETH 生成 DAI 美元稳定币产品。包括知名风险投资机构 A16Z 在内的社区参与者通过持有名为 MKR 的治理通证而享有这个社区的所有权与治理权。创始人与团队仍对它的发展有巨大的影响力，但 MakerDao 的一些主要决策已经通过它的投票网站（vote.makerdao.com）来完成。

2020 年，多数的 DeFi 项目都将自己界定为 DAO，并通常采纳如下的做法：所有参与者通过持有通证共同拥有项目；项目的重大决策由链上投票做出并执行；参与者因为贡献如为金融产品提供流动性而获得通证奖励。这就形成了第一类主要的 DAO——协议 DAO，Uniswap、Compound、Yearn、Sushi 等主要 DeFi 项目都是这一类型。

进入人们视野的第二类主要的 DAO 则是为 DAO 的运行提供技术平台的组织。这是以程序员和软件为主体的领域的特点，很多产品是先服务于这个领域内的需求，由内需驱动，同时领域内会愿意试用各种看似粗糙的产品。2016 年 12 月，Aragon 就被创建出来，它是一个建立 DAO 的平台。现在，它的产品为想要创建 DAO 的组织提供了三个必备功能：投票执行（aragon govern）、提案管理（aragon voice）、争议解决（aragon court）。

Boardroom（意为董事会）是另一个相似的产品，它自称是"所有权经济"（ownership economy）的首页。它除了提供提案、投票等功能外，还直接提供了让参与者以区块链的多签机制控制项目资金的机制。DAO 的重要任务是管理自身资金，Boardroom 与多签资金管理工具 Gnosis Safe 集成，直接将参与者的决策与资金动用关联起来。

Snapshot（意为快照）的功能则较为单一，它重点完成 DAO 所需的一项关键功能——提案与投票。它非常受欢迎，包括借贷协议 Aave、以太坊域名服务（ENS）、交易平台 Uniswap 与 Sushi、捐助平台 Gitcoin 都在使用它进行投票，如图 8-4 所示。

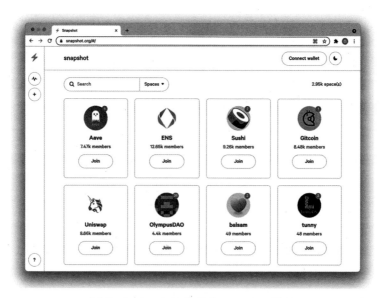

图 8-4　DAO 投票服务 Snapshot 界面

Moloch 是新出现的较有创新的 DAO 技术平台，它适用于中小规模团体的财务型合作。Moloch 为使用它的组织设计了三个核心规则：公会银行（guild bank）——加入者需捐献一笔资金，资金进入所有成员共有的公会银行，而加入者获得对应比例的公会股权。召唤（summon）——新会员的加入需要老会员提案并投票通过，进行决策的老会员将基于其股权是否应该被稀释、社区是否需要新资金、新加入者可贡献的资源等做出判断。怒退（ragequit）——对于希望退出或不喜欢某项提案而未进行投票的成员，他们可选择所谓的怒退，取回自己对应的资金。

这些 DAO 技术平台与前述去中心化金融 DAO 项目是相互促进的。项目需要催生了 DAO 技术平台，技术平台的易用性则推动更多项目采用 DAO 这种组织形式。

在 2021 年夏天，大量创新地使用 DAO 的新形式开始出现，人们将媒体机构、风险投资基金、游戏公会、社交网络、艺术收藏投资变成由社区拥有的组织形式。The Generalist 的创始人马里奥·加布里埃尔（Mario Gabriele）收集整理了一些分类，除了协议 DAO 之外还有：

> 投资 DAO

> 艺术收藏 DAO

> 社交 DAO

> 媒体 DAO

> 创作者 DAO

> 游戏公会 DAO

> 人才服务 DAO

> 项目奖励 DAO

我们看到，人们在尝试用 DAO 的形式来组织各种各样的活动。目前，投资类型的 DAO 如投资、艺术收藏运行得不错，因为目前的技术手段可以很好地支持它们所需的集聚资金、共同决策、分配收益的动作。特别地，这些 DAO 的参与者资格并不是仅仅投入资金就可以获得，以投资型的 DAO 项目 MetaCartel 为例，成员必须参与管理、尽责调查、提案、投票才能保留成员资格。

区块链技术项目都有自己的论坛，现在则通常利用社区聊天工具 Discord 构建社区。它们也经常使用开源代码平台 Github 来进行技术提案，如以太坊的技术改进提案是在 Github 上运行的，上面有大量的技术讨论。很多人也常把这些视为 DAO 的一部分，而我采取狭义的界定，仅将与所有权、管理治理有关的看成 DAO 的关键要素。但不可否认，从参与者的视角看，参与社区的讨论是让我们感到自己拥有所有权、是其中一分子的重要手段，有时候它给我们带来的心理感觉甚至超过真正行使所有权的提案与投票。现在，区块链业界对于 DAO 的一个有意思的实践是，它认同参与讨论的价值，也通常根据活跃度奖励一定百分比的治理通证给这一类贡献者。

[专栏] 来自过去的启示：混序的维萨

我想，你已经很了解我的思路：没有什么创新是突然之间出现的。新的创新往往经历漫长的实践探索，解决一个个障碍，直到最终形态出现、在一个阶段成为主流。除了实践之外，一路上还常有极具洞察者总结出精彩的理论、观点，指引着我们。DAO 也是如此。

DAO 或社区型组织的出现，是因为在有些情况下，除非采取平等的社区方式否则根本无法达成目标。你设想一下，美国最大的一些银行因为时代的要求，要让它们的信用卡能够相互接受，以建立一个遍布全国的网络。把它们联系起来的好的方式不是合资成立一家公司，而是组建一个社区。其中一个社区就是现在每个人都熟悉的维萨（VISA）。后来，为了上市，它在股权结构上改组成了常规的公司，但在最初和相当长的时间里它是一个社区。现在，它的经营实质也还是一个社区。以传统的商业观点看，维萨是一家强大的公司，它的"客户"数量在 2004 年是全球人口的 1/6。它的所有权不属于股东，而属于"成员"——也就是加入其中的金融机构。它维持着较小的组织结构，内部更像我们已经讨论过的以太坊，而不是像壳牌石油、通用电气、IBM 这样的企业巨头。

如果你看过 2014 年诺贝尔经济学奖得主让·梯若尔的论文集，你会发现，作为平台经济的主要研究者（当然他较关注其中的反垄断规制问题），他关注的主要领域之一正是信用卡组织。在开源软件、标准制定、信用卡这些领域里，起作用的组织形式不是公司，而是社区型组织。

维萨信用卡组织的创始人迪伊·霍克（Dee Hock）写过一本自传体回忆录，非常好地展示了他在连接各方组成这个社区型组织的过程中的思考。他的书名就展现了有意思的观点，英文标题是 *One From Many*，意为"从众多中生成的一个"，中文标题《混序》是从英文副标题中引出的词"Chaordic"，指的是由混沌和秩序的双重元素组合起来的系统或组织。

这一次我为写本书再次阅读《混序》，试图重温霍克以前给我的大脑冲击时，我发现一些与过去不一样的启示。

关于社区或社群（community 的不同说法），霍克是理想主义者。我曾经被他的如下观点所吸引，他鼓吹理想化社群，反对将价值货币化、用经济学调节的"货币社会"：

> 缺少这三者中的任何一个——非物质性价值、价值的非货币性交换和亲密性——就不会有真正社群的存在，过去不会，将来也不会。如果我们想设计一种有效的系统来有条不紊地摧毁社群，那么我们现在所做的努力是再

> 好不过的了：将所有价值货币化，将生命化为可测量的
> 数字。金钱、市场和测量都有它们各自的位置，它们确
> 实是重要的工具。我们应尊重并使用它们，但无须像它
> 们的鼓吹者所要求的那样神化它们，它们并不值得我们
> 顶礼膜拜。只有愚人才崇拜他们的工具。

这个理念让他能够连接众多的美国金融机构，创建维萨这样的组织。他这段话在后半段的反对声音，亦提示我们不应盲目乐观，也应注意反思区块链业界的很多做法可能有"将所有价值货币化"的过度倾向。

但我又看到，在行动上和结果上，他采取的是混合路径：混合了理想的社群理念与经济价值。将两者巧妙地配比混合起来，他创造了维萨这样的给人们生活带来改变，同时有着商业价值的组织。过去，我更试图看到他的理想化的理念，现在，我更关注他把两者巧妙地混合起来进行创造的实力。

霍克创建维萨的起点，是参与美国银行（Bank of America）首次发行信用卡的工作，他是参与发行的一家西雅图的银行的副总裁。美国银行和各地授权银行关系紧张之时，他们开始试图组织自治的委员会来解决问题：美国的七个区域（后来改为八个）设立由授权银行组成的区域委员会。五个全国性委员会由区域委员会组成，"每个人都有发言权，但没有主导权"。

接着还是混乱。但逐渐地，霍克抓到了问题的本质，再回归公司组织是不可行的，必须沿着社区的路接着向前："任何一家银行都不能创造世界上第一流的价值交换系统。大型股份公司做不到，国家也做不到。没有任何已知的组织能够做得到。怎样将它们联合起来进行尝试呢？……（因此，）仅仅重新思考商业的本质是不够的，我们还必须重新思考组织自身的真正性质。"

他思考了一系列原则，而前两条在我看来也是最重要的两条——分别关于"所有权"和"自组织"：

> ❭ 假如所有权以永久成员权的形式存在，不是像股票那样可以转让或买卖，而仅以全体成员的使用和认可来取得，将会如何呢？

> ❭ 假如它是自组织的，所有成员都有权在任何时间、以任何理由、在任何范围内，以其在更大范围内可参与管理的永久权力进行自组织，将会如何呢？

他们说服了参加信用卡网络的授权银行接受这些原则，最后，他们去寻求整个网络中的牵头人——美国银行的认可，他们希望美国银行跟所有的授权银行是平等的。好消息是，美国银行同意了，坏消息是，它对于股权、治理权的要求超出了设想。美国银行总部说："银行同意执行委员会声明的目标，即为了响应授权银行的集体需求与愿望成立一个全国性协会，但是……"幸运的是，后来各方最终达成共识，这主要是因为美国银行做出了支持性的举动。于是，当时一个名为美国银行卡全国联盟（National Bank American Incorporation）的机构形成了。之后，成员们签约平等加入，它得以正式成立。加入的成员的要求是，组织这个社区的霍克在接下来至少担任这个机构总裁三年（实际上他做了十多年），以维持组织的平稳。

霍克接下来的任务是，说服3000家银行或银行的子机构放弃原来的授权协议，加入这个新成立的联盟组织。我们不必再具体讲述后面的故事，这个现在被称为维萨的组织成功了。正如我们说的，它显然不是一家典型的公司。那么，它是什么呢？霍克在自传中的描述也不是很容易理解，但应该能够呈现这一类组织的独特状态：

> 维萨是一个半官方、半营利、半非营利、半咨询、半授权、半教育、半社会、半商业和半政治的联盟。它不是上述任何一类，却同时具有所有的这些特征。

> 在严格的法律意义上，维萨是一个非股份制、营利性的会员制私有公司。换个方式讲，它是个由内而外的控股公司，因为它完全由其各个运作部分掌控。创造维萨的金融机构同时兼具所有者、会员、客户、下属与上司的身份。

> 维萨的核心是一个高效能的组织，它的存在纯粹是为了帮助所

> 有者、会员以更大的容量、更高的效率以及更少的成本为价值
> 交换提供方法。

> ❯ 维萨的所有权是永久、不可转让、参与权的形式，因而不能购
>   买、抛售、交换或售卖。但是，每位会员所创造的业务完全属
>   于他们自己的公司，在其自身股票价格上有所反映，而且可以
>   出售给任何其他会员或符合会员资格的实体，因而这是一个非
>   常广阔、活跃的市场。

我想，如果你对照来看以太坊区块链网络，以太坊似乎是完美重复
了当年的设计。巧合的是，维萨银行卡网络和各种区块链网络有一
个共同点，维萨是一个帮消费者刷卡、帮商户收单的"价值交换
网络"，而以太坊用区块链技术创造出来的也是价值交换网络。借
用经济学家爱德华·卡斯特罗诺瓦的话，这些都是全球性的"数
字价值转移系统"（digital value transfer systems, DVTs）的
雏形。

组织成立了，有着理想的设计、完美的结构，一切将顺利发展下
去。现实世界从来都不是这样发展的。这个新组织开发银行卡的
IT 软件系统遭遇挫折，与万事达卡组织的竞争最终遭到美国司法
部的反垄断调查。幸运的是，随着全球信用卡业务的发展，这个组
织持续地发展壮大。在这个组织走向全球的时候，1973 年，它全
球的成员共同同意将国际组织的名字改为维萨国际服务联盟（Visa

International Service Association)，美国国内的组织则相应地变成了维萨全美联盟（Visa USA）。

你注意到一个细节了吗？它的组织名从最早的"公司"（incorporation）变成了"协会"（association）。这个协会当然不是兴趣组织，这里借用霍克自己的一句话来下定义：诸如维萨、因特网以及 Linux 软件的组织是"由半独立而平等的个体为了共同的目的而联合起来的组织"。他还写道，"在未来的组织中，应有一个明确的目标指向以及一系列健全的原则，在它们的指导下，能迅速达成许多特定的短期目标。"

处在当下这个实体与数字融合、新组织涌现的时代，我们这些人的幸运在于，我们既可以借鉴前人的理念与实践，又有了 DAO 及其背后的技术工具。

元宇宙第七块基石

体验

进入迪士尼乐园的梦幻之城

09 第九章 〉

华特·迪士尼
迪士尼创始人

感动的源头，那就是天真。

华特·迪士尼在首座迪士尼乐园开园
时的致辞

只要世界上还有想象力存在，迪士尼乐园就永远
不会完工。

〉 迪士尼乐园：昨日和明日的真实世界

〉 永不完工的乐园：迪士尼乐园的设计原则

◇ 设计原则一：构建完整的世界，注重事物之间的关联

◇ 设计原则二：讲非凡的故事

◇ 设计原则三：善用 Weenie 效应（视觉磁铁效应）

◇ 设计原则四：创造 E-ticket 景点，即扣人心弦的最高享受

◇ 设计原则五：建立独特的语言体系——历险、体验、景点、传说

〉 ［专栏］元宇宙带来数字世界的体验经济

在地球上，能够让我们走进去的人造的梦幻之城并不多，迪士尼乐园（Disneyland）可能是最为知名的一个。走进其中，我们感受到超越现实的快乐。我们沉浸于它营造的梦幻中，建筑设计、玩乐设施、电影角色IP、烟花表演、周边商品与服务等让我们有活在另一个世界的感觉。当我们想要用数字技术再创造能在其中生活与工作的一个个元宇宙时，迪士尼乐园可以激发出很多灵感。

"华特，你这是把我带到了什么地方？"在一座华特·迪士尼突然去世时尚未建设完成的迪士尼乐园里，他的哥哥罗伊·迪士尼仰望天空，问了这样的问题。在迪士尼乐园里玩乐，我们偶尔也会想问这样的问题：这个世界上最伟大的创意天才之一华特·迪士尼，你究竟要把我们带到什么样的世界中去？

迪士尼乐园里有着一种回答。在加州迪士尼乐园的广场，一块牌匾上面写着："致所有来到这个快乐家园的你们：欢迎光临。迪士尼乐园是你们的乐土。在这里，成年的你们可以追忆儿时的美好

时光……年轻的你们可以尽情体验未来的挑战和希望。……我们
希望迪士尼乐园能成为全世界欢乐和灵感的来源。1955 年 7 月
17 日。"

迪士尼乐园：昨日和明日的真实世界

我们很容易以现状去推测迪士尼乐园的起源，它是运用一系列电影
角色或所谓 IP[⊖] 的线下乐园。其实，它有着更朴素但也更基本的设
想，让我们从华特·迪士尼创造乐园的那一刻说起。

华特曾经这样说过建造迪士尼乐园的原因：每个周末他带两个孩子
戴安娜和莎伦去一些乐园玩时，他发现孩子们玩得很起劲，而家长
们却感到很无聊。乐园的设施陈旧，环境肮脏，工作人员态度恶
劣。因此，他希望创造一个不只是孩子而是所有人都能感到快乐的
地方。

1948 年 8 月 31 日华特撰写的"米老鼠乐园"备忘录反映了他的
设想："在这里，父母们和祖父母们可以看着自己的孩子玩耍。我
认为这个环境必须是亲近人的，并且让人放松。"他设想的景点包
括：主村庄、小镇、消防站与警察局、药店、剧院与电影院、玩具
店、洋娃娃专卖店、宠物店、书店、洋娃娃医院、餐厅、邮局等。

⊖ IP 原指知识产权（intellectual property），现在常被指代品牌、符号、人
物形象等。

迪士尼乐园的方案就是这个最初构想的扩展版。

在这个梦幻之城中，人们玩的是"过家家"的游戏。在加州迪士尼乐园开放之后，1958 年 2 月 2 日《纽约时报》的报道说出了这个词："娱乐公园一贯给人喧嚣又哗众取宠的印象，华特·迪士尼和他的同伴们成功地制造悬念又打消人们的顾虑……游客们也迫不及待地投入到那个最古老的游戏之中：大家一起过家家。"

华特·迪士尼知道我们想要真实的世界，但他更知道，我们想要的不是今天的真实世界，而是过去和未来的真实世界。是的，你是在读一本探讨实体与数字融合的世界即元宇宙的书。之所以讨论迪士尼乐园的案例正是因为，我希望我们展望的元宇宙也像是真实的世界，同时又兼具过去怀旧与未来梦幻。

最先建造完成的加州迪士尼乐园的大街是以华特记忆中小时候的中西部小镇为蓝本打造的。在迪士尼乐园的最初设计中，根据传记《沃尔特·迪斯尼[⊖]：一个独创式美国天才》，他对乐园中的其他世界做了如下描绘：

> 真实世界探险园是一片巨大的植物园，里面有各个国家的鱼类和鸟类，游客可以乘坐多彩的探险者游船，在当地导游的带领下，沿着罗曼河顺流而下。

⊖　本书中翻译为华特·迪士尼，与公司官网一致。

> 梦幻世界坐落于一座巨大的中世纪城堡中，里面有亚瑟
> 王的比武大会，有白雪公主骑马而过，有梦幻中的爱丽
> 丝走过，有小飞侠飞过。
>
> 未来世界有可以移动的人行道，有工业展览、潜水钟、
> 单轨铁路、可供孩子们驾车的高速公路、出售科技玩具
> 的商店和飞向月球的火箭。

当我们创造一个过去与未来的真实世界时，我们要竭力避免破坏真
实感的行为。这是迪士尼乐园的关键规范，迪士尼乐园内禁止破坏
任何故事场景的行为。迪士尼乐园前创意总监马蒂·斯克拉曾讲过
以下故事。他和摄影师把车开进拓荒乐园景区去拍照，他们被牛仔
指着胸口质问："这里是 1860 年，你开这辆车来干什么？"这几乎
是一个华特·迪士尼故事的翻版，一个员工将车停在西部世界的火
车站前，他被华特斥责："游客们来这里的时候，都是看西部风景
的，但你的汽车损坏了整个风景，我不希望以后这里再有任何汽车
了。风景比一切都重要。"

从第二座迪士尼乐园开始，华特·迪士尼关于未来城市的一些设想
也被用在乐园建设。比如，占地 4000 平方米的服务设施被建设成
地下走廊，这样，地面上的乐园里只呈现出昨日与明日的世界。

EPCOT（未来社区试验原型，Experimental Prototype Com-
munity of Tomorrow）则集中体现了华特·迪士尼对未来城市的

设想。未来世界 EPCOT 现在是奥兰多迪士尼世界的一部分，华特试图用它来展示未来城市的概念原型，他曾说："这就是未来城市应该的样子。"

有意思的是，迪士尼乐园里有些事物（比如铁路）被创造出来时代表的是对未来的想象，而现在则成了极度怀旧的象征。加州迪士尼乐园的边界由一条老式铁路圈定。火车是华特·迪士尼永恒的热爱。每个时代的人的小时候总有新技术会兴起，这样的技术会成为我们一生的爱好，对我们现在很多人来说，个人计算机、互联网和移动手机似乎扮演着类似的角色。贝弗利山附近的开罗伍德小路，这里是华特·迪士尼的家，他在家周围修建了一条"开罗伍德 - 太平洋铁路"，轨道长约 800 米，但铁路像模像样，车厢是传统经典样式的，在门前还专门挖了隧道。现在，以轨道火车为内核的骑乘设施是迪士尼乐园最吸引人的部分之一，如潜水艇之旅、马特洪雪橇、巨雷山铁路、地球号宇宙飞船历险等。

永不完工的乐园：迪士尼乐园的设计原则

"只要世界上还有想象力存在，迪士尼乐园就永远不会完工。"华特·迪士尼在首座乐园即加州迪士尼乐园开园致辞时说。他在接受记者采访时又对比了电影与乐园的不同："日复一日，这儿会变得更美，只要我知道人们喜欢什么，这儿就会越变越好。而做电影就不行，一旦拍摄完成，还没等到我发现观众喜不喜欢，就已经无法改变了。"

当我在迪士尼乐园的历史中寻找对未来元宇宙的借鉴时，这句话抓住了我。每一个元宇宙都是永不完工的，它将持续建设、持续生长。同时我们还要注意的是，元宇宙更特别的一点是，像一座充满活力的城市一样，活在其中的人也是共同建造者。更诗意的说法或许是诗人卞之琳在《断章》中所写的，你也是风景的一部分：你站在桥上看风景，看风景人在楼上看你。明月装饰了你的窗子，你装饰了别人的梦。

让我们接着回到乐园规划建设者的视角去思考：他们遵循什么样的原则？迪士尼乐园的设计、建造者是迪士尼的幻想工程部门（通常直接简称 Imagineering）。幻想工程是 imagination（想象）和 engineering（工程）的组合，华特·迪士尼曾经说："幻想工程就是富有创意的幻想和专业技术水乳交融的产物。"

这个部门所有的工作人员都被称为"幻想工程师"，包括艺术家、建筑师、工程师、作家、机械师、场景设计师、模型制造者、音效工程师、木匠、会计、电影制作人、负责进度安排的人、负责财务预测的人等。迪士尼幻想工程部门这样介绍自己："幻想工程师连接艺术和科学，将幻想变成现实，将梦想变成魔法。"华特和幻想工程师在创造迪士尼乐园这个梦幻世界时，遵循着一系列的设计原则。

设计原则一：构建完整的世界，注重事物之间的关联

建造一座乐园，是构建一个完整的世界。因此，最关键的原则就是"注重事物之间的关联"。在《迪士尼的艺术：从米老鼠到魔幻王国》中，迪士尼乐园最早的设计师约翰·亨奇这样谈注重事物之间的关联：

> 我觉得华特对时间的安排和事物之间相互联系的方式高度敏感。所谓电影就是将各种创意联结到一起，使它们能彼此关联。电影由很多的创意组合而成，有时候是一些非常复杂的创意，你会希望其他人能够理解这些创意，并且希望他们通过你引导的方式去理解，避免迷失了方向。实景电影不得不面临高度的不可预见性，但动画片则不一样，因为我们可以逐步剔除那些与我们想表达的内容相冲突的东西。（因此）以我们的实力，投身主题公园是很容易的事。

华特将自己的动画电影制作经验用于乐园的设计，注重各个景点之间的连贯性：一个景点到另一个景点应该非常连贯，景点之间的转换要非常自然平和，建筑和色彩要相辅相成，让游客记住每个游玩过的景点。

在实际操作中，华特·迪士尼定下规矩，任何新增景点都必须事先制作三维立体模型，并放到乐园整体的模型中去观察，之后才可以建设。他不需要任何的蓝图和计划，他只需要看到新项目的高度和

规模，观察它与迪士尼乐园其余景点之间的关系是否协调。

这个做法不只是涉及大型景点。实际上，迪士尼乐园中的每一个人造物品都被看成是景点。在迪士尼乐园，垃圾桶也是景点，而不仅仅是实用物品。

设计原则二：讲非凡的故事

在自传《造梦者》中，迪士尼乐园前创意总监马蒂·斯克拉在讨论未来世界 EPCOT 项目时，详细分享了迪士尼乐园设计的一个重要原则，就是："创作非凡的故事"。

在关于未来世界的研讨会中，与会者总结出这样的三段论推导：首先，民众不相信企业界、政府甚至学术界的专家告诉他们的话。其次，民众相信米老鼠。因此，迪士尼有个重要的职责，那就是用公众理解和接受的方式，讲他们想听的故事，把他们需要的信息传递给他们。

马蒂·斯克拉因此对幻想工程师的任务给出了自己的定义：创作非凡的故事，用独特的方式（如果可能的话）展现故事，不必急于把你掌握的展馆中某个东西的全部信息都传递出来，要有娱乐性，要好玩。

"讲非凡的故事"这个原则跟我们的体验是一致的。当我们去一座城市（如京都）旅游，我们看到的是文化的故事。当我们全神贯注地读《雪崩》时，我们是在看侠客的故事。当我们玩一个游戏时，我们也想要一个好故事。现在，当我们被邀请进入一个个元宇宙时，我们想要听到好故事，仅有功能和场景却没有故事的元宇宙是没有持久吸引力的。

设计原则三：善用 Weenie 效应（视觉磁铁效应）

在迪士尼乐园中，有很多设计会吸引游客按照既定的路线行走。有人用所谓"视觉磁铁效应"来形容这样的设计，像有一个磁铁吸引着人们在乐园中穿行。比如，睡美人城堡是最大的磁铁，所有的道路在这里汇聚，形成一个圆环。

华特·迪士尼自己称这种视觉磁铁效应为"Weenie"（一种法兰克福香肠）。在设计迪士尼乐园时，他有时回家很晚，会去厨房找点吃的。他常从冰箱里拿出"Weenie"吃，边走边分点给小狗吃，华特注意到，只要拿着香肠，小狗就会跟着他去任何地方。

因此，在迪士尼乐园幻想工程师的语言里，"Weenie"这个词就代表"吸引"。城堡就像是香肠，吸引人们走到路的尽头。

在 Decentraland 这个努力逼真地模仿现实城市的虚拟世界中走动，我有时候就会迷惑，不知道可以走向何方，它缺少在前方的"香肠"。因此，虽然它是一座三维立体的城市，但只有在专门带人参观时我会努力地在不同景点间走路，更多的时候，我喜欢用它的"瞬移"（teleport）功能，从一个坐标的景点瞬间移动到另一个坐标的景点。对比而言，在很多游戏中，前方的吸引做得好得多。我们愿意在游戏中走动，我们被吸引着在游戏中走着去冒险、去战斗。

设计原则四：创造 E-ticket 景点，即扣人心弦的最高享受

在迪士尼乐园中，E-ticket（E票券）被用来形容超级刺激的体验。加州迪士尼乐园开园时，迪士尼销售的是包括 A、B、C 三种类别票券的票券册，代表不同的景点与权益。A 票券是普通的，可搭乘一些小型的游乐设施，例如小镇大街上的汽车等。C 票券则能用在大多数的热门设施上，例如彼得·潘梦幻岛等。后来，更多更刺激的游乐设施被加入迪士尼乐园，它推出了 D 票券和 E 票券。1982 年后，迪士尼乐园不再按设施收费，改成一张门票可玩遍所有游乐设施，但 E-ticket 的说法还是流传了下来。

迪士尼前 CEO、执掌迪士尼 20 多年之久的迈克尔·艾斯纳在自传《高感性事业》中特别强调了 E-ticket，他写道："在我看来，E-ticket 是迪士尼风格的同义词，也就是指扣人心弦、寓教于乐、最高的水准带来最高的享受。"在艾斯纳执掌迪士尼时期，他批准了大笔预算建设 E-ticket 景点，如美人鱼山的预算高达 8000 万美元。

设计原则五：建立独特的语言体系——历险、体验、景点、传说

马蒂·斯克拉在自传中强调要创造属于迪士尼的全新语言体验，他说自己在迪士尼幻想工程部门期间创造了包括"历险""体验""景点""传说"等描述游客在迪士尼乐园中感受的全新语言。

上海交通大学媒体与设计学院魏武挥老师在讨论社群时曾经说了一个很网络化的词——"黑话"。一个紧密的社群的形成，需要有仅有深度参与的成员才懂的"黑话"。约定俗成的"黑话"往往是带有情感的，B 站被用户爱称"小破站"，视频制作者自称"UP 主"。"黑话"能自然地划定范围，如果一个在微博或微信发视频的人自称"UP 主"，几乎所有人都会觉得有点奇怪。

现在，在一个个元宇宙中，我们已经看到很多的"黑话"。举一个例子，在 NFT 社区中我们经常看到无数的"GM"，它是"good morning"（早上好）的缩写，但大家不是在用这些 GM 说早上好，而是用它"灌水"，没话找话说。其实，"灌水"也是一个网络黑话，只是现在已经变得较为常见。再说一个，在网络社区、聊天室或元宇宙中，人们会写"IRL"，它是"in real life"（在真实的世界中）的缩写，当自身处在数字世界中，想说外面的现实世界时你就会用上它，如"明天 5 点见，IRL"。

创造匹配的语言体系和命名，是设计一个新世界的重要环节。我

们可以去看看迪士尼乐园的命名,感受它们和电影人物一起创造出的场景。早年,游客们在售票处问的问题是这样的:"我想去马克·吐温号游船……"斯克拉严厉批评 2008 年后把迪士尼乐园里的各种游乐设施都称为骑乘设施(Ride)的作法,他写信给公司负责人抗议:"要施展迪士尼魔法,描述的字眼应该有助于加强这种迷人的体验。"

迪士尼乐园的梦幻世界总能给我们带来感动,而华特·迪士尼说:"感动的源头,那就是天真。"当你作为建设者想要建造一个元宇宙,或者作为参与者进入一个元宇宙时,你不妨也想一想:这个元宇宙让你我感动的源头是什么?

[知识块] 米奇十诫:或许也是适合元宇宙的圣经

提出者:马蒂·斯克拉

1. 了解你的观众:在设计景点或活动前就界定谁是主要观众。

2. 站在游客的立场上:一定要让团队成员像游客那样体验你创造的作品。

3. 理好思路,组织好游览的顺序:确保故事和游客体验的过程有逻辑性,依次展开。

4. 创造一个"诱人照片"(吸引目光的东西):创造一些视

觉"目标",引导游客清清楚楚、顺理成章地在场所中游玩。

5. 用直观方式传递信息:充分利用色彩、形状、造型和材质这些非文字性的交流方式。

6. 避免超负荷——创造刺激物:要抵制诱惑,不能用太多的信息和事物让观众感到负荷过大。

7. 一次只讲一个故事:不要偏离故事主线,好的故事都清晰、自然、连贯。

8. 避免矛盾——保持一致:设计和内容中相互矛盾的细节会让观众对故事本身及发生的时间迷惑不解。

9. 在丰富的娱乐活动中隐藏点说教:华特·迪士尼说过,我们这个行业也能教化民众——但是不要直白地说出来!寓教于乐!

10. 保持(做好维护工作):在迪士尼乐园或度假区,什么都不能坏掉。维护不到位,表现就不出彩。

说明:原文共分四个部分,分别为《米奇十诫》(第一部分)、《米奇新十诫》(第二部分)、《米奇再十诫》(第三部分)、《米奇又十诫》(第四部分——追随力),这里仅摘录第一部分。引自《造梦者》。

［专栏］元宇宙带来数字世界的体验经济

在从 20 世纪向 21 世纪跨越的那几年，"体验经济"曾经是大热门。约瑟夫·派恩、詹姆斯·吉尔摩在同名著作《体验经济》中描绘了一个有说服力的发展路径：产品经济→服务经济→体验经济。他们写道："体验本身代表一种已经存在，但先前并没有被清楚表述的经济产出类型。服务解释了商业企业创造了什么，而从服务中分离提取体验的做法开辟了非同寻常的经济拓展的可能性。"

不只是传统的产品制造业或服务业（如家电企业、连锁餐厅），互联网行业也拥抱了这个理念：为用户提供的不是信息（或软件、电商），而是体验。

互联网行业将体验经济理念实用化，变成了以"用户体验"为名的一系列可以落地的实践，但也止步于"用户体验"，因为其无法为人们提供完整的、沉浸式的体验。

现在，实体与数字融合的元宇宙让互联网行业的人看到，数字化的体验经济可能在接下来逐步实现，我们可以超越把三维立体世界压成二维平面，甚至变成线条的"用户体验"。因此，现在再次温习体验经济可能是必要的。

派恩与吉尔摩在阐述体验经济时让人印象深刻的是区分了企业
提供给客户的四种经济提供物，从而强调服务之后是体验。如
表 9-1 所示，四种经济提供物分别是：初级产品（commodities）、
商品（goods）、服务（services）、体验（experience）。

表 9-1　对比四种经济

经济提供物	初级产品（commodities）	商品（goods）	服务（services）	体验（experience）
经济	农业	工业	服务	体验
经济功能	采掘提炼	制造	传递	舞台展示
提供物的性质	可替换的	有形的	无形的	难忘的
关键属性	自然的	标准化的	定制的	个性化的
供给方法	大批储存	生产后库存	按需求传递	在一段时间后披露
卖方	贸易商	制造商	提供者	展示者
买方	市场	用户	客户	客人
需求要素	特点	特色	利益	突出感受

　　注：这里将"commodity"译为"初级产品"。
　　资料来源：派恩，吉尔摩. 体验经济［M］. 夏业良，鲁炜，译. 北京：
机械工业出版社，2002.

他们关注的重点是经济价值的提升。以生日聚会为例看变化的路
径——纯粹的原材料（产品）、半成品（商品）、做好的蛋糕（服务）
和举行生日聚会（体验）。对于提供产品或服务的企业来说，越沿
着路径往上，经济价值越高。图 9-1 是他们说服企业界接受体验
经济的关键图示，企业希望更好地满足客户需求，希望获得更多的
经济价值。

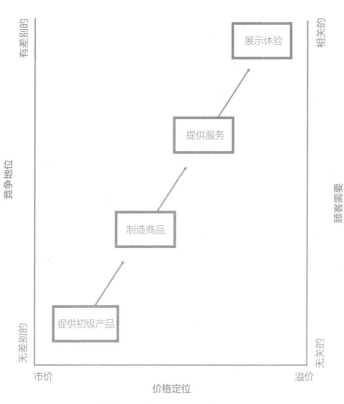

图 9-1 **走向体验经济的路径**

那么，我们想要什么样的体验呢？人们愿意去什么地方呢？派恩与吉尔摩用人的参与程度做横轴、人与环境的联系类型做纵轴所绘制的"体验王国模型"（见图9-2）为我们提供了非常好的分类框架。他们写道："（人们）愿意去值得为之花时间的地方，他们可能仅仅出现在那个地方，可能愿意在那个地方做点什么、学点什么，也可能愿意待在那个地方从中领悟到美的感受。"他们提到了四种体验：娱乐的（entertainment）、教育的（educational）、审美的（esthetic）、逃避现实的（escapist）。

在电影院，我们感受到娱乐体验。在好的学校，我们感受到教育体验，学生们不是被动接受，而是主动参与。迪士尼乐园这样的主题公园给我们暂时逃避现实的体验。在艺术博物馆，我们享受审美的体验。

这四种体验的中心点，是派恩与吉尔摩所说的四种体验组合起来形成的最佳组合，他们借用高尔夫术语称之为"甜蜜点"。他们有一个有意思的提示：什么是好的体验？想想"你的家"。他们引用建筑学教授维尔托德·里博克杰恩斯基的话，"你可以走出房子，但你总是要返回到家园"。其实，在我们自己的家中确实可以同时有四种体验，我们可以娱乐，可以暂时逃避现实，可以有审美体验，也可以有教育体验（比如读书）。

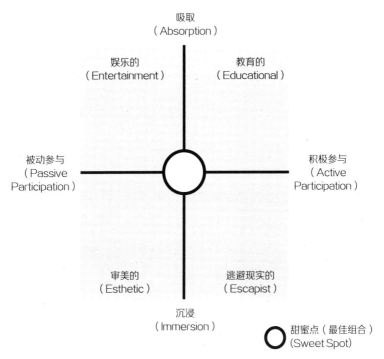

图 9-2　体验王国模型：四个体验的王国

对于互联网行业的很多人来说，互联网也几乎可以提供以上四种体验。只是在过去，互联网似乎在个别方面有些不足（比如审美体验），但现在，变化正在发生，比如美轮美奂的立体互联网，虚拟现实或增强现实设备似乎足以给我们提供艺术级别的审美体验。

我认为，在元宇宙时代，我们有机会在四个方面都改善体验，让中间的甜蜜点变得越来越大。实体与数字融合的新世界，即元宇宙，是体验的大舞台。未来从未如此真切。

两个世界中的你

实体与数字融合的元宇宙不是未来，元宇宙就是现在。

数字世界的你与实体世界的你如影随形

你上次看到纸质机票是什么时候？我应该有十多年没有见到过了。在 21 世纪初，我们在携程订票，会收到快递来的纸质机票。现在我们买机票、坐飞机，大概是这样的过程：在旅游订票 App 或者航空公司 App 里下单买票。然后，我们会收到一条短信，告诉我们机票已经预订成功。

但通常我们不会去看短信，航旅纵横等 App 会通知我们：你有一个待出行的行程。在去机场之前，我们用手机选座位、办登机手续。

以前到机场，我还习惯用自助机器打印登机牌，但这几年越来越不需要这么做了。几年间，中国民航业突飞猛进的数字化让几乎所有的机场都可以用手机二维码直接登机，最初只有北京、上海等的少数机场可以。我们用手机里的电子登机牌扫二维码进入安检区域。安检时，我们把二维码和身份证交给安检人员检查。我们扫码过登机口，在飞机上找到座位坐下来，开始我们的旅程。

在乘坐飞机的整个过程中，如果不需要报销用的行程单的话，我们看不到一张纸。纸是凭证，机票、登机牌都是实体世界里的凭证，但现在我们不需要了。

现在乘坐飞机时，我们经历的是这样的：在实体世界里，我们的身体经过一个个环节（办登机、安检、登机）。在数字世界里，我们的身份和凭证，也在无缝地一环接一环地走下去。数字世界的你与实体世界的你如影随形。

我们乘坐飞机时，数字的身份与凭证，其实也要经过很多个不同的环节，在多个管道流动：订票 App、机票代理商、航空公司、航旅纵横 App、机场、安检等。这些有的是普通商业公司，有的是需要较高安全性的航空公司，有的是管理公民身份的政府管理部门。

在数字世界里，这些环节、管道无缝地连接起来了。这是那么的自然，除非你特别去关注，否则都感受不到。我们身处两个世界：实体世界和数字世界。在实体世界和数字世界之间，仅靠某个身份机制（这里是身份证号）就完成了一一对应。

这是已在我们身边的数字化，同时也是很极致的数字化。请注意，我们不是只在网络空间里聊聊天，在这里，线上与线下、实体与数字完美地融合为一体。

对我们来说，是数字世界中的我更重要，还是实体世界中的我更重要？

有时候，数字世界中的自己，甚至比我们在现实中的身体感受更能影响我们的生活，也极大地影响着我们的心情。搭乘航班时，我们越来越依赖于数字世界的信息。我们看看航班的准点情况，看到航班历史准点率为 95%，心情立马很好。在出发去机场前我们会看一下，如果看到有延误的话，就可以晚点出门。

如果数字世界中的自己出现问题，我们会非常焦虑。通常来说，如果看到手机 App 里有航班行程信息，我们就跟拿着机票一样确信无疑。反过来，如果从手机上看不到行程信息，我们总觉得心不安。几年前一次我从香港回来，跨境民航的数字化还不像我们平常感受到的那么流畅，不知道什么地方出了错，我从手机上看不到回程的航班信息。我记得，前一天我就焦虑了："我的票没订上吗？"同事回复："订上了，放心。"但我好像没能真放下心，第二天在机场里面等的时候，由于手机里看不到航班动态信息，我总在东张西望，担心错过。

现在，实体世界和数字世界在很多方面几乎已经无缝地融合在一起了。打车、外卖、线下扫码支付、新零售以及新冠肺炎疫情带来的健康码检查，都让我们看到实体世界与数字世界的全面融合。现在，不是只有少数技术极客才会进入数字世界。现在，几乎每一个普通人的生活都大部分转移到了数字世界。夸张地说，在新冠肺炎疫情紧张的时候，如果你没有手机（也就没有行程码与健康码），在城市中，实体世界中的你几乎会感觉到被困住了，你连商场都进不去。

如果有人从 20 世纪 90 年代初用时光机穿越 30 年来到当下，我们带他坐飞机时，他大概真的会觉得是活在科幻小说里。

在我看来，数字化的未来不是我们周围围绕着机器人，不是机器人能跟我们说话或他们能听懂我们的话，更不是强迫我们跟机器人说话。

数字化的未来是现在的样子，一切数字的复杂都被藏到了幕后，我们自由自在地生活。当然，我们都清醒地意识到，数字世界无论是范围还是影响力都变得越来越大。

数字世界的极速扩张：未来呼啸而来

未来呼啸而来，但我们通常感受不到，我们往往以为周围发生的是缓慢的变化。我们人类的大脑是线性的，而数字化的事物是指数级增长的。我们周围世界的数字化速度，如果放在一个长周期看，可能超过你最狂野的想象。

每年的"双十一"已经变成了中国电商的节日。十多年前我们曾经羡慕美国感恩节后的黑色星期五（简称"黑五"）大促销，而现在"双十一"的规模已远超"黑五"。但更重要的是自己跟自己比，数字是惊人的。

2009年11月11日，阿里巴巴的天猫举办了第一届"双十一"，当天销售额约5000万元，在当时也已是惊人的数字，这是为什么"双十一"突然吸引人们的关注。10年后的2019年11月11日，阿里巴巴各平台一天的销售额是2684亿元。此后阿里巴巴变更了统计口径，每年发布的是11月1日～11日的销售额，2021年天猫11天的销售额是5403亿元，十多年时间，数字从5000万变成了5000亿。中国电商的整体销售额更大，2021年京东"双十一"销售额是3491亿元。

我个人对2021年"双十一"感到最惊讶的数字是直播主播李佳琦的销售额，在为"双十一"预热的10月20日这一天下午两点半开播的直播中，李佳琦的销售额达106.5亿元，一个人半天卖出百亿元人民币的商品。

整体经济的数字同样是惊人的。根据中国国家统计局的数据，2020年，中国全年全国网上零售额为117 601亿元，比上年增长10.9%，其中，实物商品网上零售额为97 590亿元，增长

14.8%。

参与电商大潮的人大体上都有一个感受，电商里的一些做法看起来是将实体转到数字世界，比如李佳琦在直播中做的很像他几年前作为欧莱雅线下店的销售顾问（BA）所做的。但是，一些事物如电商直播在数字世界中找到自己的位置后，开始有了自己疯长的生命力。

在畅想数字未来时，我们还会思考一个问题：数字世界会越来越像实体世界，还是反过来，实体世界越来越像数字世界？很多人以为是前者，其实是后者，后一种趋势让实体世界也开始指数级增长。

我们可以做一下思想实验。如果回到过去，我们放飞想象力去想象未来，我们会以为，数字世界会越来越像实体世界。当时我们设想的未来餐厅可能是：长得像人一样的机器人服务员听我们选择菜品，与我们交谈，然后帮我们下单。其实我们不用回到过去，去看看早年尼葛洛庞帝在《数字化生存》中的设想，这样的未来设想隔几页就会看到。

二十多年前，在数字化浪潮刚刚兴起时，人们对未来的设想与尝试是，用最高级的手持计算机"武装"服务员。在 2000 年时，北京有一家高档餐厅为服务员配备了康柏公司的掌上电脑 iPaq PDA（个人数字助理），用它为客人点单。我当时也"尝鲜"托人买了一台 iPaq，因此我还专门去吃饭，就是为了看服务员是怎么用我也有的当时很新奇的掌上电脑的。

现在，正如我们所知，我们所处的"过去的未来"是这样的。现在在大众型餐厅的体验越来越像外卖所展示的数字化体验。在 24 小时营业的风味餐厅金鼎轩，热情的服务员引导我们进门坐下来，但他们不会递给我们一本精美的菜单，而是让我们打开手机扫码点餐。我们这些顾客用自己带的电子设备（每个人都有的手机）接入餐厅的信息网络，某种程度上"参与"了它的运营。菜单本身与下单的过程被"吸入"了数字世界。迄今为止的经验是，实体世界越来越像数字世界，实体世界也会具有数字世界的属性——指数级生长。

这里我故意改造"指数级增长"为"指数级生长"，因为我们接下来将看到的是，"实体＋数字"的元宇宙有着自己的生命力，它是"指数级生长"的。

推荐阅读

付费

作者: 方军 ISBN: 978-7-111-56729-5 定价: 59.00元

关于互联网知识付费的首部作品。知识工作正在被重塑,知识经济正在开启互联网时代下半场,为你展现互联网知识经济全景大图,解读新物种的前世今生。荣获CCTV2017年度中国好书。

知识产品经理手册

作者: 方军 ISBN: 978-7-111-59744-5 定价: 59.00元

CCTV2017年度中国好书《付费》姊妹书,每一位知识从业者必备的产品指导书,精准解读知识产品的内在逻辑,快速提升产品经理的核心技能,打造爆款产品的精准方案。

穿透式学习

作者: 方军 ISBN: 978-7-111-64912-0 定价: 69.00元

一位互联网时代的资深学习者的经验之谈,3大穿透式学习思维,16个实用指南型工具,告诉你如何快速、高效学习,跨越知识与实践的鸿沟,迅速成长为职场精英。

平台时代

作者: 方军 程明霞 徐思彦 ISBN: 978-7-111-58979-2 定价: 49.00元

我们正在进入平台时代,平台是新经济的引擎。互联网平台带来技术驱动的大规模社会化协作,它是连接者、匹配者与市场设计者。互联网平台成为全球经济中强大、同时又具创新精神的关键部分。